VORWORT

Richtig oder falsch?

Jetzt können Sie schon so gut Französisch und stolpern doch immer wieder über dieselben Hindernisse? Machen Sie endgültig Schluss damit! **Langenscheidt Fehlerfrei Französisch** hilft Ihnen dabei, typische Fehler effektiv zu verlernen. Die Fehler in diesem Buch sind geordnet nach den Bereichen Wortschatz und Wortbildung, Grammatik, Rechtschreibung und Aussprache sowie Stil. So können Sie gezielt einzelne Themen angehen oder auch einfach durchschmökern. Sicher werden Ihnen viele der Stolpersteine bekannt vorkommen und Sie können sie dank einleuchtender Erklärungen und vieler Beispielsätze aus dem Weg räumen.

Viel Spaß und Erfolg! *Ihre Langenscheidt-Redaktion*

Aufbau

donner du courage à qn
jemandem Mut machen

~~faire~~ du courage à quelqu'un

Wenn Sie im Französischen jemanden *ermutigen* möchten, dann „geben" (**donner**) Sie ihm Mut.

Son père lui donne du courage.
Sein Vater macht ihm Mut.

In der ersten Spalte finden Sie immer den korrekten Ausdruck und die Übersetzung.

- Bei jedem Fehler wird erklärt, was schieflaufen kann und wie es richtig heißt. Zusätzlich sehen Sie in einem übersetzen Beispielsatz die richtige Anwendung.
- Alles, was durchgestrichen ist, ist falsch. Häufig vorkommende Fehler erkennen Sie so auf den ersten Blick und können sie umgehen.

Petit détail heißt *kleines Detail*. Hier erfahren Sie etwas über zusätzliche Feinheiten der Sprache.

Attention bedeutet Achtung – hier sind besonders häufige Stolpersteine noch einmal hervorgehoben.

Bon à savoir steht für *gut zu wissen*. Hier können Sie noch etwas tiefer ins Thema einsteigen.

QUIZ

Bei den Substantiven im Französischen kann es vorkommen, dass sich die Bedeutung der Wörter verändert, je nachdem, ob sie im Singular oder Plural stehen, männlich oder weiblich sind.

1. Aujourd'hui, on vous présente ____ pour cet hiver. — ❍ A la mode — ❍ B le mode
2. Contrôle de police ! Puis-je avoir ____ ? — ❍ A votre papier — ❍ B vos papiers

Quiz Zu vielen Themen finden Sie am Ende des Abschnitts ein Quiz. Hier können Sie gleich anwenden, was Sie gelernt haben. Ob alles stimmt, verraten Ihnen die Lösungen am unteren Seitenende.

Blitzquiz Im Blitzquiz testen Sie ganz schnell und zwischendurch, was Sie schon können. Die Lösung finden Sie immer direkt auf der nächsten Seite unten – einfach umblättern. →

BLITZQUIZ

Je suis ______ malade pendant mes vacances.

❍ A deve

❍ B tom

INHALTSVERZEICHNIS

WORTSCHATZ UND WORTBILDUNG

Faux amis – Falsche Freunde: Essen

l'endive (f.)
der Chicorée

la chicorée
der Endiviensalat

Da haben wir den Salat! Bei diesem Wortpaar kommt es schnell einmal zur Verwechslung, denn **endive** ist ein sogenannter falscher Freund (**faux ami**) und bedeutet im Deutschen eben nicht *Endiviensalat*, sondern *Chicorée*. Das französische Wort **chicorée** hingegen bezeichnet den *Endiviensalat*.

En entrée, nous servons une salade de chicorée avec du bacon et des croûtons.
Als Vorspeise servieren wir einen Endiviensalat mit Speck und Croûtons.

Il y a du gratin d'endives au jambon comme plat principal.
Als Hauptspeise gibt es einen Chicoréeauflauf mit Schinken.

la marmelade
das Kompott

la confiture
die Marmelade

Wenn man in Frankreich das Wort **marmelade** hört, denkt man gleich an leckere Marmelade, aber es handelt sich hierbei meistens um *Kompott*. Für *Marmelade* verwendet man im Französischen die Bezeichnung **la confiture**.

Ta marmelade de mirabelles est déliceuse !
Dein Mirabellenkompott ist köstlich!

Le matin, je mange du pain avec du beurre et de la confiture.
Morgens esse ich Brot mit Butter und Marmelade.

Petit détail

Eine Ausnahme ist die *Orangenmarmelade*, die man als **marmelade d'oranges** bezeichnet.

Louis n'aime pas la marmelade d'oranges.
Louis mag keine Orangenmarmelade.

l'infusion (f.)
der Kräutertee

la perfusion
die Infusion

Aurélie : Tu ne te sens pas bien ? Tu voudrais une infusion ?
Cornelia : Une infusion ? Je ne me sens pas si mal. Ce n'est pas nécessaire d'aller à l'hôpital.
Aurélie : Ah, je crois que tu as confondu deux mots !

Wenn Sie eine **infusion** angeboten bekommen, können Sie diese gerne annehmen, denn es handelt sich dabei um einen *Kräutertee* und nicht, wie Cornelia annahm, um eine *Infusion*. Letztere wird im Französischen mit **perfusion** übersetzt.

la glace
das Eis, der Spiegel

le verre
das Glas

Wenn Sie durstig sind und in Frankreich ein Glas Wasser bestellen wollen, brauchen Sie das Wort **verre** und nicht **glace**. Da würden Sie zwar auch etwas Erfrischendes bekommen, aber eben kein *Glas*, sondern ein *Eis*.

Je voudrais une glace à la fraise, s'il vous plaît.
Ich möchte ein Erdbeereis, bitte.

Je voudrais un verre d'eau, s'il vous plaît.
Ich möchte ein Glas Wasser, bitte.

le champignon
der Pilz

le champignon de Paris
der Champignon

Wenn man im Französischen über den *Pilz* im Allgemeinen spricht, verwendet man das Wort **champignon**. Wollen Sie in Frankreich aber *Champignons*, also diese bestimmte Pilzsorte, kaufen oder essen, so brauchen Sie die Bezeichnung **champignon de Paris**.

Attention, c'est un champignon vénéneux !
Achtung, das ist ein giftiger Pilz!

Comment cuisiner les champignons de Paris ?
Wie kocht man Champignons?

la praline
die gebrannte Mandel

Wenn Sie bei diesem falschen Freund durcheinanderkommen, ist es halb so schlimm. Denn etwas Süßes bekommen Sie in allen Fällen!

le praliné
der Nougat

le chocolat fourré
die Praline

Wenn Sie eine *Praline* möchten, sollten Sie jedoch nach **chocolat fourré** suchen. Das französische Wort **praline** bedeutet hingegen *gebrannte Mandel*. Nicht zu verwechseln mit **praliné**, dem französischen Begriff für *Nougat*.

Il a acheté des pralines à la foire.
Er hat gebrannte Mandeln auf dem Jahrmarkt gekauft.

J'adore la crème praliné noisette.
Ich liebe Nuss-Nougat-Creme.

Tu veux goûter ce chocolat fourré ?
Willst du diese Praline probieren?

Vervollständigen Sie folgenden Satz mit dem passenden Wort.

Je voudrais _____ de vin rouge, s'il vous plaît.

❍ **A** une glace
❍ **B** un verre

le baiser
der Kuss

la meringue
das Baiser

Wer gerne Schaumgebäck isst, sollte wissen, dass dieses in Frankreich als **meringue** verkauft wird. Wer nach einem **baiser** verlangt, sollte sich aber nicht wundern, wenn einem die Bäckerin oder der Bäcker den *Kuss* verweigert.

Il lui fait un baiser sur le front.
Er gibt ihr einen Kuss auf die Stirn.

Tu as une recette facile de meringue ?
Hast du ein einfaches Baiser-Rezept?

la délicatesse
die Zartheit, das Taktgefühl

le régal
die Delikatesse, der Leckerbissen

Frankreich ist berühmt für sein gutes Essen und seine Delikatessen. Aber Achtung! Das Wort **délicatesse** hat im Französischen eine ganz andere Bedeutung, nämlich *Zartheit* bzw. *Taktgefühl*. Im gastronomischen Bereich verwendet man **régal** oder **plat fin**.

Sa peau est d'une grande délicatesse !
Ihre Haut ist sehr zart!

Cette tapenade est un vrai régal.
Diese Olivenpaste ist eine echte Delikatesse.

Attention

Das Wort **régal** ist ebenfalls ein falscher Freund. Für das Möbelstück *Regal* benötigen Sie den Begriff **étagère**.

L'étagère est en bois massif.
Das Regal ist aus Massivholz.

Lösung Blitzquiz
B

Gesundheit

la tablette
die Ablageplatte, die Lutschtablette, das Tablet

le comprimé
die Tablette

Das Wort **tablette** hat im Französischen viele unterschiedliche Bedeutungen. Es kann *Ablageplatte*, *Lutschtablette* und in der Medienwelt *Tablet* bedeuten. Wer aber in der Apotheke *Tabletten* kaufen möchte, braucht dazu den Begriff **comprimé**.

Peux-tu configurer ma nouvelle tablette ?
Kannst du mein neues Tablet konfigurieren?

Il a déjà pris son comprimé ?
Hat er schon seine Tablette genommen?

Bon à savoir

Ein wichtiges Wort für alle Naschkatzen ist **tablette** in Kombination mit Schokolade: **la tablette de chocolat** für *Schokoladentafel.*

Elle a mangé une tablette entière de chocolat.
Sie hat eine ganze Schokoladentafel gegessen.

la recette
das Kochrezept

l'ordonnance (f.)
das Arztrezept

Das Wort **recette** ist nur teilweise ein falscher Freund, denn es ist durchaus ein *Rezept* zum Kochen. Wer jedoch ein *Rezept* von einem Arzt bekommt, hält in Frankreich eine **ordonnance** in seinen Händen.

Elle propose des recettes véganes sur son blog.
Auf ihrem Blog stellt sie vegane Rezepte vor.

Le médecin lui fait une ordonnance pour un antidouleur.
Der Arzt schreibt ihm/ihr ein Rezept für ein Schmerzmittel.

le rendez-vous
der Termin

le rendez-vous galant/ romantique
das Rendezvous

Keine Panik, wenn ein Arzt oder eine Ärztin mit Ihnen ein **rendez-vous** ausmachen möchte. Es handelt sich dabei nur um einen *Termin*. Wenn man in Frankreich von einem *Rendezvous* zwischen Verliebten sprechen möchte, fügt man nach **rendez-vous** das Adjektiv **galant** oder **romantique** hinzu.

Je voudrais prendre rendez-vous demain matin.
Ich würde gerne einen Termin für morgen früh ausmachen.

Invite ta copine au restaurant pour un rendez-vous romantique.
Lade deine Freundin zu einem (romantischen) Rendezvous ins Restaurant ein.

l'infection (f.)
der Infekt, die Infektion

infect(e)
widerlich, ekelhaft

Wer sich einen *Infekt* eingefangen hat, sollte nicht denken, dass er **infect** ist, denn das bedeutet *widerlich* und *ekelhaft*. Im medizinischen Bereich ist der richtige Ausdruck **une infection**.

Il a une infection des voies respiratoires.
Er hat einen Infekt der oberen Atemwege.

Le goût de ce sirop contre la toux est infect.
Der Geschmack dieses Hustensaftes ist widerlich.

Kleidung

la blouse
der (Arbeits-) Kittel

le chemisier
die Bluse

Wenn Sie in Frankreich eine *Bluse* kaufen möchten und nach einer **blouse** fragen, wird man Ihnen einen *Arbeitskittel* zeigen. Um in diesem Fall das richtige Kleidungsstück zu erstehen, müssen Sie nach einem **chemisier** fragen.

Avant de nettoyer la maison, elle met sa blouse.
Bevor sie das Haus putzt, zieht sie ihren Arbeitskittel an.

J'ai acheté un nouveau chemisier rouge.
Ich habe eine neue rote Bluse gekauft.

Attention

Achten Sie auf den Unterschied zwischen **chemisier** und **chemise**. Das Wort **chemise** wird meist für das *Herrenhemd* verwendet.

Comment repasser une chemise en deux minutes ?
Wie kann man ein Hemd in zwei Minuten bügeln?

Vervollständigen Sie folgenden Satz mit dem passenden Wort.

Le médecin doit encore mettre sa _____ blanche.

- ❍ **A** blouse
- ❍ **B** chemisier

le costume
der (Herren-) Anzug

le tailleur
das Kostüm

Cliente : Je cherche un costume.
Vendeuse : Votre mari fait quelle taille ?
Cliente : Mais non, c'est pour moi !
Vendeuse : Ah bon, vous cherchez un tailleur alors.

Wenn Sie in Frankreich als Frau ein *Kostüm* kaufen wollen, müssen Sie den Begriff **tailleur** verwenden, um nicht mit einem *Herrenanzug* (**costume**) in der Einkaufstasche das Kleidergeschäft zu verlassen!

Petit détail

Wer aber ein *Kostüm* für eine Faschingsparty braucht, verwendet auch in Frankreich das Wort **costume.**

Il cherche un costume d'halloween.
Er sucht ein Halloweenkostüm.

la veste
die Jacke

le gilet
die Weste

Wenn es draußen kalt wird, kann man beides anziehen, aber *Weste* wird im Französischen eben nicht mit **veste**, sondern mit **gilet** übersetzt. Wer eine **veste** anzieht, wärmt sich mit einer *Jacke*.

Tu as vu ma veste bleue ?
Hast du meine blaue Jacke gesehen?

Ce gilet est en laine.
Diese Weste ist aus Wolle.

le châle
das Schulter-, Umhängetuch

l'écharpe (f.)
der Schal

Bei dem Wort *Schal* wäre die Übersetzung mit **châle** naheliegend, aber damit ist leider etwas anderes gemeint, nämlich das *Schultertuch*. Wer einen *Schal* angezogen hat, trägt eine **écharpe**.

Si tu as froid, pose un châle sur tes épaules.
Wenn es dir kalt ist, lege ein Umhängetuch auf deine Schultern.

Cette écharpe rouge va bien avec mes bottes.
Dieser rote Schal passt gut zu meinen Stiefeln.

Lösung Blitzquiz
A

Petit détail

Ein Seidenschal bzw. ein Hals- oder ein Kopftuch wird mit **foulard** übersetzt.

Comme cadeau, je lui offre un foulard.
Ich schenke ihm/ihr einen Seidenschal.

le tricot
die Strickweste, die Strickware

le maillot
das Trikot

Bei der Tour de France können die Radfahrer kein **tricot** gewinnen, sondern ein **maillot**. Mit **tricot** meint man *Strickweste*, abgleitet von dem Verb **tricoter** *stricken*.

Aujourd'hui, nous présentons notre collection de tricots.
Wir präsentieren heute unsere Strickwarenkollektion.

Il a gagné le maillot jaune.
Er hat das gelbe Trikot gewonnen.

Schule, Universität und Arbeit

le clavier
die Tastatur, die Klaviatur

le piano
das Klavier

Ein Wort, das schnell mal verwechselt wird, ist **clavier**. Damit ist aber nicht das ganze Klavier, sondern nur die *Klaviatur*, sprich die *Tastatur* des Klaviers gemeint. Die Bezeichnung **clavier** gilt außerdem für Computer-Tastaturen. Für das Musikinstrument *Klavier* verwendet man das Wort **piano**.

J'ai renversé mon café sur le clavier de l'ordinateur.
Ich habe meinen Kaffee auf die Computertastatur verschüttet.

Antoine joue du piano depuis deux ans.
Antoine spielt seit zwei Jahren Klavier.

la promotion
die Beförderung, das Sonderangebot

le doctorat
die Promotion

Wer in Frankreich promoviert, macht ein **doctorat**. Der französische Begriff **promotion** hat eine andere Bedeutung. In der Arbeitswelt bedeutet er *Beförderung* und im Allgemeinen weist er auf ein *Sonderangebot* hin.

Ce soir, on va fêter ma promotion.
Heute Abend werden wir meine Beförderung feiern.

Le doctorat, vaut-il la peine ?
Lohnt sich die Promotion?

la démonstration
die Vorführung

la manifestation
die Demonstration

Schlägt Ihnen ein französischer Kollege eine **démonstration** vor, möchte er mit Ihnen nicht auf die Straße gehen, um zu demonstrieren. Es handelt sich nämlich um eine *Vorführung*. Wer in Frankreich demonstriert, nimmt an einer **manifestation** teil.

Il y a une démonstration de nos nouveaux produits à la foire-exposition.
Es gibt eine Vorführung unserer neuen Produkte auf der Messe.

La manifestation des ouvriers commence à 14 heures.
Die Demonstration der Arbeiter beginnt um 14 Uhr.

le dirigeant, la dirigeante
der/die Leiter(in), der/die Geschäftsführer(in)

le/la chef d'orchestre
der/die Dirigent(in)

Auch wenn der *Geschäftsführer* oder *Leiter* einer Firma meist den Ton angibt, sollte er nicht mit dem **chef d'orchestre** *(Dirigent)* verwechselt werden. In einer Firma hat der **dirigeant** das Sagen.

Il a encore été élu dirigeant de l'entreprise.
Er wurde erneut zum Leiter der Firma gewählt.

Ce chef d'orchestre a acquis une certaine renommée mondiale.
Dieser Dirigent hat einen gewissen internationalen Ruf erworben.

le concours
der Wettbewerb, die Aufnahmeprüfung

la faillite
der Konkurs

Wenn Sie hören, dass eine französische Firma einen **concours** ausschreibt, dann meldet sie keinen *Konkurs* an, sondern es handelt sich um einen *Wettbewerb*. Im universitären Bereich ist ein **concours** eine *Aufnahmeprüfung* oder ein *Auswahlverfahren*. *Konkurs* wird mit **faillite** übersetzt.

Les architectes du monde entier peuvent participer au concours.
An dem Wettbewerb können Architekten aus der ganzen Welt teilnehmen.

Son entreprise est au bord de la faillite.
Seine Firma steht kurz vor dem Konkurs.

la tâche
die Aufgabe, der Auftrag

le sac
die Tasche, der Sack

Bei dem Wort **tâche** ist nicht etwa die *Tasche* gemeint, wie es einem die Aussprache nahelegen könnte, sondern es bedeutet *Aufgabe*. Das Accessoire *Tasche* heißt auf Französisch **le sac**.

Notre tâche consiste à coordonner la communication de l'entreprise.
Unsere Aufgabe besteht darin, die Firmenkommunikation zu koordinieren.

On m'a volé mon sac.
Man hat mir meine Tasche gestohlen.

BLITZQUIZ
Vervollständigen Sie folgenden Satz mit dem passenden Wort.

Je voudrais lui offrir un nouveau _____ pour son anniversaire.

- A tâche
- B sac

Petit détail

Wenn sich bei dem Wort **tâche** ein kleines Detail ändert und der Akzent wegfällt, wird aus der *Aufgabe* ein *Fleck*: **la tache.**

Tu as une tache sur ta chemise.
Du hast einen Fleck auf deinem Hemd.

le lycée
das Gymnasium

le gymnase
die Turnhalle

Madame Dupont : Vous avez des enfants ?
Frau Maier : Oui, un fils, il a 16 ans et il va au gymnase.
Madame Dupont : Il fait quel sport ?

Warum fragt Madame Dupont hier plötzlich nach der Sportart? Frau Maier wollte sagen, dass ihr Sohn auf das *Gymnasium* geht, doch **gymnase** bedeutet *Turnhalle*. Sie hätte sagen müssen: **Il a 16 ans et il va au lycée**.

Attention

Achten Sie darauf, dass es auch bei der Wortbildung falsche Freunde gibt. Das kann passieren, wenn sich im Deutschen bzw. im Französischen unter anderem unterschiedliche Wortendungen durchgesetzt haben.

athée *(atheistisch)*, **le/la biologiste** *(Biologe/Biologin)*, **catastrophique** *(katastrophal)*, **la citation** *(Zitat)*, **commercial(e)** *(kommerziell)*, **conservateur/conservatrice** *(konservativ)*, **l'efficacité** *(Effizienz)*, **financier/financière** *(finanziell)*, **numéroter** *(nummerieren)*, **optimiser** *(optimieren)*, **le recyclage** *(Recycling)*, **la Réforme** *(Reformation)*, **végétarien/végétarienne** *(vegetarisch)*

Lösung Blitzquiz
B

QUIZ

Faux amis – Falsche Freunde

Faisons le point ! Falsche Freunde haben es in sich. Die **faux amis** bringen uns gerne durcheinander, da die deutschen und französischen Wörter ähnlich aussehen oder klingen, sich aber in ihrer Bedeutung wesentlich unterscheiden. Trauen Sie deshalb bei folgenden Wörtern nicht Ihren Augen oder Ohren, sondern Ihrem Sprachwissen!

1. Les étudiants organisent une ____ contre la nouvelle réforme.	❍ A manifestion	❍ B démonstration
2. Vous devez prendre ____ deux fois par jour.	❍ A un comprimé	❍ B une tablette
3. J'ai froid. Tu me prépares une ____ ?	❍ A infusion	❍ B perfusion
4. L'entreprise est en ____ .	❍ A concours	❍ B faillite
5. Il a mis un ____ de clown pour le carnaval.	❍ A costume	❍ B tailleur
6. Vous avez envie de manger des ____ ?	❍ A baisers	❍ B meringues
7. Où est-ce que tu as appris à jouer du ____ ?	❍ A clavier	❍ B piano
8. Les joueurs français portent un ____ bleu.	❍ A maillot	❍ B tricot
9. L'____ est contagieuse.	❍ A infection	❍ B infect
10. Il mérite bien ____ cette année.	❍ A une promotion	❍ B un doctorat

11. Je voudrais m'acheter ____ pour aller à l'opéra. — ❍ A une blouse — ❍ B un chemiser

12. Tu vois ____ à moitié vide ou à moitié plein ? — ❍ A le verre — ❍ B la glace

13. Les clés sont dans ____ . — ❍ A ma tâche — ❍ B mon sac

14. C'est une ____ de crêpes fantastique ! — ❍ A recette — ❍ B ordonnance

15. J'ai besoin d'____ de ski pour l'hiver. — ❍ A un gilet — ❍ B une veste

16. Oh, le marié porte un beau ____ de mariage ! — ❍ A costume — ❍ B tailleur

17. Ne mange pas ce ____ ! Il est vénéneux ! — ❍ A champignon — ❍ B champignon de Paris

18. ____ est de couleur blanche et jaune. — ❍ A La chicorée — ❍ B L'endive

19. Tu dois lui parler avec ____ . — ❍ A délicatesse — ❍ B régal

20. Tu vas avoir froid, prends ton ____ ! — ❍ A châle — ❍ B écharpe

21. Regarde, il y a une ____ par terre. — ❍ A tâche — ❍ B tache

22. Le compositeur et le ____ ont bien travaillé ensemble. — ❍ A dirigeant — ❍ B chef d'orchestre

23. Il veut faire des études après le ____ . — ❍ A gymnase — ❍ B lycée

24. Tu aimes la glace au ____ ? — ❍ A praline fourré — ❍ B praliné

Lösungen

1. A, 2. A, 3. A, 4. B, 5. A, 6. B, 7. B, 8. A, 9. A, 10. A, 11. B, 12. A, 13. B, 14. A, 15. B, 16. A, 17. A, 18. B, 19. A, 20. B, 21. B, 22. B, 23. B 24. B

WORTSCHATZ UND WORTBILDUNG

Substantive: Singular- und Pluralform

l'or (m.)
das Gold

Das Substantiv **or** *(Gold)* gilt als unzählbar. Daher kommt es weder mit unbestimmtem Artikel (~~un or~~) noch in der Pluraform (~~des ors~~) vor. Mit Hilfe von Mengenangaben kann es dennoch zählbar werden.

Tout ce qui brille n'est pas or.
Es ist nicht alles Gold, was glänzt.

Ils ont trouvé plusieurs pièces d'or.
Sie haben mehrere Goldstücke gefunden.

Bon à savoir

Diese Ausnahme gilt auch für andere Materialien wie **l'argent** *(Silber)*, **le fer** *(Eisen)*, **le plomb** *(Blei)*, **le cuivre** *(Kupfer)* und **le zinc** *(Zink)*.

la bonté
die Güte

Abstrakte Begriffe wie zum Beispiel die Tugend **la bonté** *(Güte)* bilden keinen Plural.

Elle s'occupe des enfants avec une grande bonté.
Sie kümmert sich mit großer Güte um die Kinder.

Attention

Diese abstrakten Begriffe, die Tugenden und Untugenden beschreiben, bilden meistens auch keinen Plural:

la gloire *(Ruhm)*, **l'injustice** *(Ungerechtigkeit)*, **la haine** *(Hass)*, **le courage** *(Mut)*, **la charité** *(Nächstenliebe)*

le beau
das Schöne

le vrai
das Wahre

Adjektive, die als Substantiv verwendet werden, haben keine Pluralform.

Le beau et le vrai sont au centre de sa philosophie.
Das Schöne und das Wahre stehen im Zentrum seiner Philosophie.

le papier
das Papier

un papier
ein Blatt Papier

les papiers
die Ausweispapiere, die Unterlagen

Bei einigen Substantiven ändert sich die Bedeutung je nachdem, ob das Wort im Singular oder Plural steht. So bedeutet **papier** im Singular das *Papier* bzw. das *Blatt Papier*. Steht es jedoch im Plural, sind **les papiers** die *Ausweispapiere*.

Ce papier est recyclable.
Dieses Papier ist recycelbar.

Vos papiers, s'il vous plaît !
Ihre Ausweispapiere, bitte!

la lettre
der Brief, der Buchstabe

les lettres
die Geisteswissenschaften

Das Wort **lettre** kann verschiedene Bedeutungen annehmen. Im Singular und Plural kann es *Brief* oder *Buchstabe* bedeuten. Wenn es um die *Geisteswissenschaften* gehen soll, muss es jedoch **les lettres** heißen. Davon gibt es keine Singularform.

Tu as déjà reçu ma lettre ?
Hast du meinen Brief schon bekommen?

Tu t'intéresses aux sciences naturelles ou aux lettres ?
Interessierst du dich für Natur- oder Geisteswissenschaften?

la lunette
das Fernrohr

les lunettes
die Brille

In der Singularform kann man mit **la lunette** *(Fernrohr)* die Sterne beobachten. In der Pluralform **lunettes** erleichtert die *Brille* vielen Menschen das Sehen.

Jetez un coup d'œil par la lunette !
Werfen Sie einen Blick durch das Fernrohr!

Je ne vois rien sans mes lunettes.
Ohne meine Brille sehe ich nichts.

le tennis
Tennis (Sportart)

les tennis
die Turnschuhe

Wenn Sie gerne Tennis spielen, sollten Sie den Unterschied zwischen **le tennis** für *Tennis* und **les tennis** für *Tennisschuhe* kennen.

Notre sport préféré est le tennis.
Tennis ist unser Lieblingssport.

Pour entrer sur le terrain de tennis, il vous faut des tennis.
Um den Tennisplatz betreten zu können, brauchen Sie Tennisschuhe.

la toilette
das Waschen

les toilettes
die Toilette

Wenn Sie in Frankreich nach der *Toilette* suchen, denken Sie daran, dass Sie die Pluralform **les toilettes** brauchen. Im Singular wird **la toilette** mit dem *Waschen* übersetzt.

As-tu besoin de conseils pour la toilette du bébé ?
Brauchst du Tipps, wie man das Baby wäscht?

Où sont les toilettes ?
Wo ist die Toilette?

Attention

Vorsicht! Im Gegensatz zum Deutschen kommen diese französischen Substantive nur im Plural vor:

les alentours *(Umgebung)*, **les archives** *(Archiv)*, **les dépens** *(Kosten)*, **les environs** *(Umgebung)*, **les fiançailles** *(Verlobung)*, **les funérailles** *(Bestattung)*, **les mathématiques** *(Mathematik)*, **les ténèbres** *(Finsternis)*

BLITZQUIZ
Vervollständigen Sie folgenden Satz mit dem passenden Wort.

On m'a volé ______.

- A mes papiers
- B mon papier

Substantive: Maskulin- und Femininformen

le témoin
der Zeuge, die Zeugin

Das Wort **témoin** ist im Französischen immer männlich und kann für *Zeuge* oder für *Zeugin* stehen.

Le témoin a refusé de parler.
Der Zeuge / Die Zeugin hat die Aussage verweigert.

la victime
das Opfer

Das Wort *Opfer* ist im Französischen immer weiblich (**la victime**), unabhängig vom Geschlecht der Person.

La victime s'appelle Jean Dupont.
Das Opfer heißt Jean Dupont.

Bon à savoir

Auch die Wörter **la star** bzw. **la vedette** *(der Star)* und **la connaissance** *(der/die Bekannte)* haben im Französischen immer die weibliche Form, unabhängig davon, ob man von einem Mann oder einer Frau spricht.

le tour
die Runde, der Rundgang

la tour
der Turm

Das Wort **tour** verändert seine Bedeutung je nach dem Artikel. Wer eine *Runde* dreht, braucht **le**: **le tour**. Wer einen *Turm* erklimmen möchte, verwendet **la: la tour**.

Le Tour de France passe devant la tour Eiffel.
Die Tour de France führt am Eiffelturm vorbei.

le garage
die Garage, die Kfz-Werkstatt

Im Deutschen sind Fremdwörter, die auf **-age** enden normalerweise weiblich. Im Französischen sind sie jedoch in der Regel männlich. Daher ist *die Garage* auf Französisch **le garage**.

Faut-il mettre la voiture dans le garage ce soir ?
Muss man das Auto heute Abend in die Garage stellen?

Lösung Blitzquiz
A

le mode
die Art und Weise, der Modus

la mode
die Mode

Verwenden Sie **mode** mit **le**, so bedeutet das Wort die *Art und Weise* bzw. *Modus*. Wenn Sie über *Mode* sprechen möchten, müssen Sie **la** verwenden: **la mode**.

Comment activer le mode sécurisé ?
Wie schaltet man den abgesicherten Modus ein?

Paris est la capitale de la mode.
Paris ist die Hauptstadt der Mode.

le manège
das Karussell

la piste
die Manege

Bei **manège** muss man zweifach aufpassen: Es ist im Französischen männlich und man meint damit *Karussell* und nicht etwa *Manege*. Dafür verwendet man im Französischen **piste**.

Le manège était l'attraction préférée des enfants.
Das Karussell war die Lieblingsattraktion der Kinder.

Les acrobates s'entraînent sur la piste du cirque.
Die Artisten trainieren in der Zirkusmanege.

Attention

Diese Substantive sind männlich im Französischen, aber weiblich im Deutschen:

un ananas *(eine Ananas)*, **un chiffre** *(eine Ziffer)*, **un domaine** *(eine Domäne)*, **un épisode** *(eine Episode)*, **un geste** *(eine Geste)*, **un groupe** *(eine Gruppe)*, **un jury** *(eine Jury)*, **un million** *(eine Million)*, **un opéra** *(eine Oper)*, **un rôle** *(eine Rolle)*, **un vase** *(eine Vase)*

Attention

Diese Substantive sind weiblich im Französischen, aber männlich oder neutral im Deutschen:

une danse *(ein Tanz)*, **une date** *(ein Datum)*, **une hormone** *(ein Hormon)*, **une idole** *(ein Idol)*, **la mer** *(das Meer)*, **une interview** *(ein Interview)*, **une photo** *(ein Foto)*, **une place** *(ein Platz)*, **une planète** *(ein Planet)*, **une radio** *(ein Radio)*

QUIZ

Substantive

Faisons le point ! Bei den Substantiven im Französischen kann es vorkommen, dass sich die Bedeutung der Wörter verändert, je nachdem, ob sie im Singular oder Plural stehen, männlich oder weiblich sind. Lassen Sie sich davon nicht durcheinanderbringen und bewahren Sie beim Quiz einen kühlen Kopf.

1.	Aujourd'hui, on vous présente ____ pour cet hiver.	❍ A la mode	❍ B le mode
2.	Contrôle de police ! Puis-je avoir ____ ?	❍ A votre papier	❍ B vos papiers
3.	Pardon ! Je cherche ____ .	❍ A la toilette	❍ B les toilettes
4.	Tu veux monter sur ____ avec moi ?	❍ A la tour	❍ B le tour
5.	Je fais des études de ____ .	❍ A lettre	❍ B lettres
6.	Mon opticien m'a conseillé ____ pour faire du sport.	❍ A cette lunette	❍ B ces lunettes
7.	Tu as vu ____ ? Je ne les trouve pas.	❍ A mon tennis	❍ B mes tennis
8.	Ils ont montré une interview avec ____ principal.	❍ A le témoin	❍ B la témoin
9.	Elle a laissé la voiture dans ____ .	❍ A le garage	❍ B la garage
10.	À la fin, c'est lui ____ .	❍ A le victime	❍ B la victime

Lösungen
1. A, 2. B, 3. B, 4. A, 5. B, 6. B, 7. B, 8. A, 9. A, 10. B

WORTSCHATZ UND WORTBILDUNG

Problematische Verben

avoir [+ *Jahreszahl*] ans
x Jahre alt sein

~~être~~ *[+ Jahreszahl]* **ans**

Wenn man im Französischen sein Alter angeben möchte, darf man sich nicht an der deutschen Struktur orientieren. Für die Altersangabe braucht man immer (!) das Verb **avoir** *(haben)*.

J'ai quarante ans.
Ich bin vierzig Jahre alt.

faire un mètre de haut/large
einen Meter hoch/breit sein

~~être~~ un mètre de haut/large

Bei der Größe und der Breite verwendet man im Gegensatz zum Deutschen das Verb **faire** *(machen)*.

Le bâtiment fait sept mètres de haut.
Das Gebäude ist sieben Meter hoch.

tomber malade
krank werden

~~devenir~~ malade

Wortwörtlich übersetzt wird man im Französischen nicht krank, sondern man „fällt" krank. Verwenden Sie also die Wendung **tomber malade** für *krank werden*.

On ne veut pas qu'elle tombe malade.
Wir wollen nicht, dass sie krank wird.

Bon à savoir

Das Verb **tomber**, das eigentlich *fallen* bedeutet, taucht im Französischen in vielen Wendungen auf und nimmt dabei neue Bedeutungen an: **tomber amoureux** *(sich verlieben)*, **tomber enceinte** *(schwanger werden)*, **tomber d'accord** *(sich einig werden)*.

tourner au cauchemar
zum Albtraum werden

~~devenir~~ au cauchemar

Wenn etwas *zum Albtraum wird*, benützt man das Verb **tourner**, welches ursprünglich *drehen* und auch *wenden* bedeutet. Vielleicht können Sie es sich mit der Eselsbrücke merken, dass sich bei einem Albtraum oft etwas zum Schlechten wendet.

À cause de la tempête, nos vacances ont tourné au cauchemar.
Aufgrund des Unwetters wurde unser Urlaub zum Albtraum.

prendre une photo
ein Foto machen

~~faire~~ une photo

Vielleicht kennen Sie diesen Fehler schon aus dem Englischen. Auch hier macht man kein Foto, sondern man „nimmt" es. Das gleiche gilt für die französische Sprache. Daher verwendet man **prendre** *(nehmen)* für die Wendung *ein Foto machen*.

Pouvez-vous prendre une photo de moi et ma femme ?
Können Sie ein Foto von mir und meiner Frau machen?

Bon à savoir

Das Verb **prendre** taucht noch in anderen gängigen Wendungen auf. Beispielsweise bei **prendre son petit-déjeuner** *(frühstücken)* oder **prendre une douche** *(duschen)*. Vermeiden Sie den Impuls, in diesen beiden Fällen das Verb **faire** *(machen)* zu verwenden.

Avant de sortir le matin, je prends une douche et ensuite, je prends mon petit-déjeuner.
Bevor ich morgens losgehe, dusche und frühstücke ich.

rendre quelqu'un malade
jemanden krank machen

~~faire~~ quelqu'un malade

Anstelle von *machen*, wie es im deutschen Ausdruck zu finden ist, wird im Französischen **rendre** *(zurückgeben)* verwendet.

Le stress peut rendre malade.
Stress kann krank machen.

Attention

Dass man *machen* in französischen Wendungen mit **rendre** übersetzt, kommt häufig vor. Merken Sie sich daher folgende Ausdrücke:

rendre plus facile *(leichter machen)*,
rendre moins compliqué(e) *(einfacher machen)*,
rendre triste/heureux(-euse) *(traurig/glücklich machen)*

donner du courage à quelqu'un
jemandem Mut machen

~~faire~~ **du courage à quelqu'un**

Wenn Sie im Französischen jemanden *ermutigen* möchten, dann „geben" **(donner)** Sie ihm Mut.

Son père lui donne du courage.
Sein Vater macht ihm Mut.

faire réparer quelque chose
etwas reparieren lassen

~~laisser~~ **réparer quelque chose**

Ein Verb, das oft Kopfzerbrechen bereitet, ist *lassen*. Schnell wird es mit **laisser** übersetzt, was aber in einigen Fällen falsch ist. Wenn Sie etwas *reparieren lassen* wollen, heißt die korrekte Wendung **faire réparer**.

Je dois faire réparer la machine à laver.
Ich muss die Waschmaschine reparieren lassen.

faire attendre quelqu'un
jemanden warten lassen

~~laisser~~ **attendre quelqu'un**

Auch in diesem Ausdruck wird lassen mit **faire** *(machen)* übersetzt. Somit heißt *jemanden warten lassen* **faire attendre quelqu'un.**

Il m'a fait attendre une heure !
Er hat mich eine Stunde warten lassen!

BLITZQUIZ
Vervollständigen Sie folgenden Satz mit dem passenden Wort.

Je suis _____ malade pendant mes vacances.

- **A** devenue
- **B** tombée

se faire examiner
sich untersuchen lassen

~~se laisser~~ examiner

Sie fühlen sich krank und möchten *sich untersuchen lassen*? Dann können Sie die Formulierung **se faire examiner** gut gebrauchen.

Il s'est fait examiné deux fois cette semaine.
Er hat sich diese Woche zweimal untersuchen lassen.

faire construire
bauen lassen

~~laisser~~ construire

Auch hier liegt die Übersetzung mit **laisser** nahe, korrekt ist jedoch **faire construire** für *bauen lassen.*

Ils ont fait construire une belle maison.
Sie haben ein hübsches Haus bauen lassen.

aider quelqu'un
jemandem helfen

aider ~~à~~ quelqu'un

Nach dem Verb *helfen* folgt im Deutschen ein Dativ (jemandem), im Französischen wird das Objekt jedoch direkt, sprich ohne **à**, angeschlossen: **aider quelqu'un.**

Il aide sa collègue.
Er hilft seiner Kollegin.

Bon à savoir

Bei diesen Verben steht im Deutschen nach dem Verb ein Dativobjekt (jemandem), im Französischen wird das Objekt ohne à angehängt:

applaudir qn *(jdm. Beifall spenden)*, **écouter qn** *(jdm. zuhören)*, **féliciter qn** *(jdm. gratulieren)*, **remercier qn** *(jdm. danken)*, **contredire qn/qc** *(jdm./einer Sache widersprechen)*, **croire qn/qc** *(jdm./etw. glauben)*, **suivre qn/qc** *(jdm./einer Sache folgen)*

Lösung Blitzquiz
B

attendre quelqu'un
auf jemanden warten

attendre ~~à~~ quelqu'un

Während man im Deutschen *auf jemanden wartet*, kommt das Objekt im Französischen direkt nach dem Verb.

Louise attend sa copine devant le café.
Louise wartet vor dem Café auf ihre Freundin.

demander à quelqu'un
jemanden fragen

~~demander quelqu'un~~

Es gibt auch den umgekehrten Fall, dass zwischen Verb und Objekt im Französischen ein **à** steht, wie zum Beispiel bei *fragen*: **demander à quelqu'un.**

Ils ont demandé à Maria.
Sie haben Maria gefragt.

Attention

Diesen Unterschied findet man auch bei folgenden Wendungen:

mentir à qn *(jemanden belügen)*,
téléphoner à qn *(jemanden anrufen)*,
survivre à qn/qc *(jemanden/etwas überleben)*

s'intéresser à quelqu'un/quelque chose
sich für jemanden/etwas interessieren

s'intéresser ~~pour~~ quelqu'un/quelque chose

Der deutsche Ausdruck *sich für jemanden interessieren* legt einem die Übersetzung mit **pour** *(für)* nahe. Richtig heißt es jedoch **s'intéresser à quelqu'un**. Daher aufgepasst!

Il s'intéresse aux insectes.
Er interessiert sich für Insekten.

BLITZQUIZ
Vervollständigen Sie folgenden Satz mit dem passenden Wort.

Vous vous intéressez _____ l'art moderne ?

- **A** à
- **B** pour

aller en [+ Transportmittel]
mit … fahren/gehen

aller ~~avec~~ *[+ Transportmittel]*

Während man im Deutschen mit dem Auto fährt, gebraucht man im Französischen für das Fahren mit den unterschiedlichen Transportmitteln die Ergänzung **en**.

Nous sommes allés au parc en voiture.
Wir sind mit dem Auto zum Park gefahren.

changer de quelque chose
etwas wechseln

Bei **changer** benötigt man im Gegensatz zum Deutschen die Ergänzung **de: changer de quelque chose** *(etwas wechseln).*

Mon frère a changé de travail.
Mein Bruder hat seine Arbeit gewechselt.

réfléchir à/sur quelque chose
über etwas nachdenken

réfléchir ~~de~~ quelque chose

Das deutsche „über" lässt einen bei dem Verb *nachdenken* schnell die falsche Konstruktion wählen. Richtig ist an dieser Stelle die Ergänzung mit **à** oder **sur**: **réfléchir à/sur quelque chose.**

Réfléchis à ton avenir !
Denke über deine Zukunft nach!

réussir à faire quelque chose
etwas erfolgreich tun

réussir ~~de~~ faire quelque chose

Ein typischer Fehler ist die Ergänzung **de** nach **réussir**. Richtig ist in diesem Fall **à**, wenn Sie ausdrücken wollen, dass Ihnen *etwas gelingt* bzw. Sie *etwas erfolgreich tun.*

Elle a réussi à passer son examen.
Sie hat ihre Prüfung erfolgreich bestanden.

commencer par quelque chose
mit etwas beginnen

commencer ~~avec~~ quelque chose

Auch wenn im Deutschen „mit" steht, so wird die Wendung *mit etwas beginnen* durch **commencer par quelque chose** übersetzt.

Nous commençons par la présentation.
Wir fangen mit der Präsentation an.

Lösung Blitzquiz
A

Petit détail

Bei dem Ausdruck *anfangen, etwas zu tun* können Sie sowohl **de** als auch **à** als Ergänzung verwenden: **commencer à/de faire quelque chose.**

J'ai commencé à/de faire du yoga.
Ich habe angefangen, Yoga zu machen.

s'appeler
heißen

Einer der ersten Sätze, die man im Französischunterricht lernt, ist: **Je m'appelle** *(ich heiße)*. Im Französischen ist *heißen* reflexiv, das heißt man braucht unbedingt **me**, **te**, **se**, **nous**, **vous** oder **se** vor dem Verb. **Me**, **te** und **se** werden vor Vokalen (a, e, i, o, u, y) und einem stummen **h** zu **m'**, **t'** und **s'** apostrophiert.

Comment tu t'appelles ?
Wie heißt du?

Bon à savoir

Diesen Unterschied findet man auch bei folgenden Verben, die im Deutschen alle nicht reflexiv sind:

s'enfuir *(fliehen)*, **se baigner** *(baden)*, **s'évanouir** *(ohnmächtig werden)*, **se promener** *(spazieren gehen)*

BLITZQUIZ
Vervollständigen Sie folgenden Satz mit dem passenden Wort.

Tu veux ____ dans le lac ?
- ❍ **A** baigner
- ❍ **B** te baigner

se marier avec quelqu'un
jemanden heiraten

Die Liebe führt nicht nur im Leben, sondern auch in der Sprache zur Verwirrung. Wenn in Frankreich geheiratet wird, so heißt der korrekte Ausdruck dafür: **se marier avec quelqu'un** *(jemanden heiraten).*

Elle se marie avec son premier grand amour.
Sie heiratet ihre erste große Liebe.

Bon à savoir

Für *heiraten* gibt es im Französischen verschiedene Übersetzungen. Achten Sie auf die Konstruktionen! So gibt es **épouser quelqu'un** für *jemanden heiraten* und **se marier** oder **s'épouser** für *heiraten.*

Il ne veut plus épouser sa copine.
Er möchte seine Freundin nicht mehr heiraten.

Ils vont se marier l'année prochaine.
Sie werden nächstes Jahr heiraten.

bouger
sich bewegen

~~se~~ bouger

Im Französischen ist die Übersetzung für *sich bewegen* einfach nur **bouger**. Es steht alleine, ohne **se**.

Il ne peut pas bouger.
Er kann sich nicht bewegen.

divorcer
sich scheiden lassen

~~se~~ divorcer

Auch bei diesem Verb liegt der Unterschied daran, dass *sich scheiden lassen* im Deutschen mit *sich* gebildet wird, im Französischen jedoch ohne **se**: **divorcer**.

Pierrick a divorcé il y a trois ans.
Pierrick hat sich vor drei Jahren scheiden lassen.

Lösung Blitzquiz
B

Faisons le point ! Manche Verben bereiten deutschen Französischlerner/innen gerne mal Kopf zerbrechen. Oft werden diese Verben in Anlehnung an deutsche Strukturen falsch verwendet. Versuchen Sie also bei folgenden Verben „französisch“ zu denken und die deutsche Struktur zu vergessen!

1. Je pense que je vais ____ malade.	❍ A tomber	❍ B devenir
2. Il veut ____ beaucoup de photos en vacances.	❍ A faire	❍ B prendre
3. Elle ____ comment ?	❍ A s’appelle	❍ B appelle
4. Tu veux y ____ train.	❍ A aller avec	❍ B aller en
5. Il faut ____ réparer le lave-vaisselle.	❍ A faire	❍ B laisser
6. Ne ____ pas !	❍ A vous bougez	❍ B bougez
7. Mon oncle ____ 56 ans.	❍ A a	❍ B est
8. Tu peux ____ ta mère.	❍ A demander	❍ B demander à
9. Cette histoire me ____ triste.	❍ A rend	❍ B fait
10. On va ____ plus tard ?	❍ A se baigner	❍ B baigner
11. Ils ont ____ finir le travail à temps.	❍ A réussi à	❍ B réussi de
12. Tu t’____ l’art moderne ?	❍ A intéresses pour	❍ B intéresses à
13. Nous ____ nos grands-parents à la gare.	❍ A attendons à	❍ B attendons

		A	B
14.	On ____ au bord du lac ?	❍ A se promène	❍ B promène
15.	Le lit ____ deux mètres de large.	❍ A est	❍ B fait
16.	Je vais ____ avec Noah cet été.	❍ A me marier	❍ B marier
17.	Le dîner ____ une soupe.	❍ A commence avec	❍ B commence par
18.	Il a essayé ____ .	❍ A de s'enfuir	❍ B d'enfuir
19.	Sa sœur ____ .	❍ A se divorce	❍ B divorce
20.	Elle a ____ études l'année dernière.	❍ A changé d'	❍ B changé
21.	Tu ne veux pas te ____ examiner ?	❍ A laisser	❍ B faire
22.	Cette fête ____ au cauchemar.	❍ A devient	❍ B tourne
23.	Ce travail le ____ malade.	❍ A fait	❍ B rend
24.	Ils ____ leur copain.	❍ A aident	❍ B aident à
25.	Ton amour me ____ du courage.	❍ A fait	❍ B donne
26.	Mon chef m'a ____ attendre une heure.	❍ A fait	❍ B laissé
27.	Tu as déjà ____ ma proposition ?	❍ A réfléchi à	❍ B réfléchi de

Lösungen

1. A, 2. B, 3. A, 4. B, 5. A, 6. B, 7. A, 8. B, 9. A, 10. A, 11. A, 12. B, 13. B, 14. A, 15. B, 16. A, 17. B, 18. A, 19. B, 20. A, 21. B, 22. B, 23. B, 24. A, 25. B, 26. A, 27. A

WORTSCHATZ UND WORTBILDUNG

Häufig verwechselte Wörter

visiter
besuchen, besichtigen

Beim Wort *besuchen* fällt einem oft als erstes das Wort **visiter** ein. Dies bedeutet jedoch im eigentlichen Sinne *besichtigen*. Daher wird es meist in Verbindung mit Museen, Sehenswürdigkeiten und Orten gebraucht, aber fast nie bei Personen: **visiter quelque chose.**

Nous avons visité le Louvre.
Wir haben den Louvre besichtigt.

Nur bei bestimmten Besuchen, zum Beispiel bei Arztbesuchen, kann **visiter** auch *besuchen* bedeuten und in Verbindung mit einer Person stehen.

Le médecin visite mon grand-père demain.
Der Arzt macht morgen einen Hausbesuch bei meinem Großvater.

rendre visite
besuchen, einen Besuch abstatten

Rendre visite bedeutet *einen Besuch abstatten* und wird häufig in einem offizielleren Rahmen verwendet und ist eher gehobene Sprache. Achtung: **Rendre visite** benötigt ein Objekt, das mit **à** angeschlossen wird: **rendre visite à quelqu'un.**

Le président français rend visite à la chancelière allemande.
Der französische Präsident besucht die deutsche Kanzlerin.

aller voir quelqu'un
jemanden besuchen

Für *besuchen* (von Personen) im Allgemeinen verwendet man im Französischen die Wendung **aller voir quelqu'un.** Empfängt man den Besuch, gebraucht man **venir voir**.

Ce soir, je vais voir mes amis.
Heute Abend besuche ich meine Freunde.

venir voir
besuchen (kommen)

Ce soir, mes amis viennent me voir.
Heute Abend besuchen mich meine Freunde.

Petit détail

Für das Substantiv *Besuch* kann man für alle oben aufgeführten Bedeutungen das Wort **la visite** verwenden.

Tu te sens assez en forme pour recevoir de la visite ?
Fühlst du dich fit genug, um Besuch zu empfangen?

La visite du Louvre m'a beaucoup plu.
Die Besichtigung des Louvre hat mir sehr gefallen.

La visite du médecin a duré 20 minutes.
Der Hausbesuch des Arztes hat 20 Minuten gedauert.

essayer
versuchen

goûter
probieren, kosten

Versuchen im Allgemeinen wird mit **essayer** übersetzt. Möchte man damit ausdrücken, dass man etwas zum Essen oder Trinken *kostet*, ist **goûter** das richtige Wort.

J'ai essayé de réparer l'ordinateur.
Ich habe versucht, den Computer zu reparieren.

Tu as déjà goûté ce fromage ?
Hast du schon diesen Käse probiert?

savoir
können, wissen

pouvoir
können

Julien : Tu viens à la piscine avec moi ?
Frieda : Non, je ne peux pas nager.
Julien : Pourquoi ? Tu n'es pas en forme aujourd'hui ?
Frieda: Non, pourquoi ?
Julien : Si tu es malade, c'est mieux de ne pas nager.
Frieda : Non, ce n'est pas ça le problème. Je n'ai jamais appris à nager.
Frieda : Ah, d'accord. Maintenant j'ai compris ! Tu ne sais pas nager.

Wieso hat Julien Frieda zuerst missverstanden? **Pouvoir** bedeutet etwas *können*, weil es in der Situation möglich ist und man die Gelegenheit dazu hat. **Savoir** bedeutet *etwas können*, weil man es gelernt hat und dazu fähig ist.

entendre
hören (zufällig)

écouter
(sich) anhören, zuhören (gezielt)

Wann verwendet man **entendre**, wann **écouter**? Wenn es um ein zufälliges, ungeplantes Hören geht, verwendet man **entendre**. Möchte man ausdrücken, dass es sich um ein gezieltes, bewusstes Hören handelt, gebraucht man **écouter**. Daher ist die deutsche Entsprechung für **entendre** *hören*. **Écouter** wird mit *anhören, zuhören* übersetzt.

Il entend un bruit.
Er hört ein Geräusch.

Il écoute les informations à la radio.
Er hört sich die Nachrichten im Radio an.

Bon à savoir

Das Gleiche gilt auch für die Verben **voir** für *(zufällig) sehen* und **regarder** für *(bewusst) ansehen.*

Je t'ai vu au cinéma hier.
Ich habe dich gestern im Kino gesehen.

Ce soir, je vais regarder un film.
Heute Abend werde ich einen Film ansehen.

BLITZQUIZ
Vervollständigen Sie folgenden Satz mit dem passenden Wort.

Tu as _____ de m'appeler ?

- A essayé
- B goûté

falloir
müssen

devoir
müssen

Die Wörter **falloir** und **devoir** bedeuten beide *müssen*. Man gebraucht sie jedoch unterschiedlich. Bei unpersönlichem Gebrauch wird die deutsche Formulierung *man muss* mit **il faut** übersetzt. Wird aber ein Subjekt ausdrücklich genannt, verwendet man **devoir**.

Il faut respecter les autres.
Man muss auf die anderen Rücksicht nehmen.

Tu dois respecter plus les autres.
Du musst auf die anderen mehr Rücksicht nehmen.

Attention

Im Gegensatz zum Deutschen *müssen* braucht das Verb **devoir** immer einen nachstehenden Infinitiv.

Je dois aller à la maison.
Ich muss nach Hause.

emprunter
(aus)leihen

prêter
(ver)leihen, ausleihen

Emprunter bezieht sich auf die Person, die etwas *ausleiht*, das heißt, die etwas erhalten will. **Prêter** hingegen bezieht sich auf die Person, die etwas *verleiht*, das heißt, die etwas gibt.

Je peux emprunter ton livre ?
Kann ich mir dein Buch ausleihen?

Tu peux me prêter ton livre ?
Kannst du mir dein Buch ausleihen?

Attention

Achten Sie auf den Satzbau bei diesen Verben!

Je peux t'emprunter dix euros ?
Kannst du mir zehn Euro leihen?

Bien sûr, je te prête dix euros.
Natürlich, ich leihe dir zehn Euro.

Lösung Blitzquiz
A

pleuvoir
regnen

pleurer
weinen

Es kann gut sein, dass einem die Tränen kommen, wenn es dauernd regnet. Aber es ist trotzdem wichtig, zwischen **pleuvoir** für *regnen* und **pleurer** für *weinen* unterscheiden zu können.

Demain, il va pleuvoir toute la journée.
Morgen wird es den ganzen Tag regnen.

Le bébé pleure depuis une heure.
Das Baby weint seit einer Stunde.

Bon à savoir

Pleuvoir und **plaire** *(gefallen)* haben die gleiche Vergangenheitsform, nämlich **a plu**.

Il a plu pendant toutes les vacances.
Es hat die ganzen Ferien geregnet.

Le concert m'a plu énormément.
Das Konzert hat mir sehr gefallen.

comme
da, weil

puisque
da (ja)

parce que
weil, da

Wenn wir einen Grund angeben, wählen wir im Deutschen oft *weil* oder *da*. Im Französischen nimmt man dafür **comme** oder **puisque**, wenn das Wort am Satzanfang stehen soll. **Parce que** leitet ebenfalls eine Begründung an, steht aber nie am Satzanfang.

Puisqu'il est malade, il ne peut pas aller au travail.
Da er krank ist, kann er nicht zur Arbeit gehen.

Il ne peut pas aller au travail parce qu'il est malade.
Er kann nicht zur Arbeit gehen, weil er krank ist.

BLITZQUIZ
Vervollständigen Sie folgenden Satz mit dem passenden Wort.

____ ces photos !

- ❍ **A** Vois
- ❍ **B** Regarde

comment
wie

comme
wie

Die Übersetzung von **comme** und **comment** lautet in beiden Fällen *wie*. Worin besteht also der Unterschied? Bei Fragen brauchen Sie **comment**. Für Vergleiche verwenden Sie **comme**.

Comment allez-vous ?
Wie geht es Ihnen?

Elle est comme sa sœur.
Sie ist genauso wie ihre Schwester.

Petit détail

Nach Vergleichswörtern wie zum Beispiel **aussi** *(ebenso)*, **autant** *(soviel)*, **même** *(derselbe)*, **moins** *(weniger)*, **plus** *(mehr)*, **si** *(so)*, **tel(le)** *(solch)* verwendet man im Deutschen ebenfalls das Wort *wie*. Im Französischen steht hierfür **que**.

Je suis aussi sportif que mon frère.
Ich bin genauso sportlich wie mein Bruder.

quand
wenn

lorsque
wenn

si
wenn, falls

Das deutsche *wenn* kann einen Zeitpunkt oder eine Bedingung beschreiben. Wenn es im Sinne von *immer wenn, sobald* zeitlich gemeint ist, verwendet man **quand**. In der gehobenen Sprache ist **lorsque** gleichbedeutend zu **quand**. Leitet *wenn (falls)* eine Bedingung ein, ist **si** die richtige Wahl.

Elle va à la piscine quand elle a fini son travail.
Sie geht ins Schwimmbad, wenn sie mit ihrer Arbeit fertig ist. [sobald sie fertig ist]

Si j'avais plus d'argent, je ferais un tour du monde.
Wenn ich mehr Geld hätte, würde ich eine Weltreise machen.

Lösung Blitzquiz
B

Attention

Vergessen Sie nicht, dass **si** nur vor **il** und **ils** zu **s'** verkürzt wird.

S'il y a un problème, appelle-moi !
Wenn es ein Problem gibt, ruf mich an!

quel, quelle
welche(r,s)

lequel, laquelle
welche(r,s)

Die Wörter **quel** und **lequel** werden im Deutschen gleich übersetzt: *welche(r, s)*. Doch im Französischen gibt es folgenden Unterschied: Mit **lequel** fragt man nach dem Element einer bereits bekannten bzw. genannten Gruppe. Bei **quel** ist die Antwort offen.

Dans quel domaine travaillez-vous ?
In welcher Branche arbeiten Sie?

J'ai acheté une nouvelle voiture. – Laquelle ?
Ich habe ein neues Auto gekauft. – Welches?

le jour
der Tag

la journée
der Tag

Le jour verweist auf einen Zeitpunkt oder ein Datum, während **la journée** eine Zeitdauer ausdrückt. Im Deutschen machen wir diesen Unterschied nicht, weshalb beides mit *Tag* übersetzt wird.

On va se revoir dans deux jours.
Wir werden uns in zwei Tagen wiedersehen.

Ils ont passé toute la journée à la plage.
Sie haben den ganzen Tag am Strand verbracht.

Bon à savoir

Dieser Unterschied gilt auch für **le matin – la matinée** *(Morgen/Vormittag)*, **le soir – la soirée** *(Abend)* und **l'an – l'année** *(Jahr)*.

Merken Sie sich auch die festen Wendungen **tous les ans** *(jedes Jahr)* und **par an** *(jährlich)*!

au fait
übrigens

en fait
eigentlich, im Grunde genommen

Die Ausdrücke **au fait** und **en fait** ähneln sich sehr. Kein Wunder, dass sie oft verwechselt werden!

Au fait bedeutet *übrigens* und wird ähnlich wie **à propos** gebraucht. **En fait** wird mit *eigentlich* übersetzt und wird häufig als Alternative zu **en réalité** benutzt. Sie können sich **en** für **en fait** und **en réalité** als Eselsbrücke vielleicht merken.

Au fait, tu viens d'où ?
Woher kommst du übrigens?

Je travaille dans le commerce, mais je n'aime pas mon travail en fait.
Ich arbeite im Einzelhandel, aber eigentlich mag ich meine Arbeit nicht.

grand(e)
groß, bedeutend

gros, grosse
dick, schwer

Annika : Tu es très gros !
Vincent : Tu trouves ? Je viens de perdre cinq kilos.
Annika : Ah, je ne voulais pas dire ça. Excuse-moi ! Je voulais dire le contraire de petit !

Passen Sie bei **gros** *(dick)* und **grand** *(groß)* gut auf, damit Sie nicht wie Annika ins Fettnäpfchen treten!

Petit détail

In wenigen Ausnahmen kann **gros** mit *groß* übersetzt werden, wenn man von etwas spricht, das einen großen Umfang hat oder viel Platz einnimmt.

Regarde ! Il y a un gros poisson à l'hameçon !
Schau mal! Da ist ein großer Fisch am Haken!

Bon à savoir

Um zu fragen, wie groß jemand ist, verwendet man das Wort **mesurer.**

Combien mesures-tu ?
Wie groß bist du?

l'humour (m.)
der Humor

l'humeur (f.)
die Laune, die Stimmung

Die Wörter **l'humour** und **l'humeur** sind schnell mal verwechselt. Grund dafür ist, dass **humeur** in der Aussprache eher dem deutschen *Humor* ähnelt. Es ist jedoch die Übersetzung für *Laune* bzw. *Stimmung*. *Humor* auf Französisch ist **l'humour**. Achten Sie auch auf das Geschlecht der beiden Begriffe.

Elle le prend avec humour.
Sie nimmt es mit Humor.

Il y a une bonne humeur dans notre bureau !
In unserem Büro herrscht gute Stimmung!

bon, bonne
gut

bien
gut

Andreas : Ces légumes sont vraiment bien.
Jean-Pierre : Bien pour quoi ? Pour qui ?
Andreas : Ah non, je voulais dire qu'ils sont délicieux.
Jean-Pierre : Alors, il faut dire qu'ils sont vraiment bons.

Ein typischer Fehler ist die Verwechslung von **bon** und **bien**. Vorsicht!

Bon ist ein Adjektiv und beschreibt ein Substantiv, hier zum Beispiel das Gemüse, näher. Es passt sich diesem an. **Bien** ist hingegen ein Adverb. Es beschreibt Verben oder Sachverhalte näher und ist unveränderlich.

Les légumes sont bons.
Das Gemüse ist gut.

On a bien mangé.
Wir haben gut gegessen.

BLITZQUIZ

Vervollständigen Sie folgenden Satz mit dem passenden Wort.

Léon mange une tarte et dit : Hm, c'est ___ .

- A bon
- B bien

Petit détail

In der Wendung **sentir bon** *(gut riechen)* taucht **bon** auf, obwohl **bon** hier ein Verb näher bestimmt.

Comme ça sent bon à la boulangerie !
Wie gut es in der Bäckerei riecht!

Attention

Die Steigerung von **bon (bonne)** ist **meilleur(e)** *(besser)*. Nicht zu verwechseln mit **mieux** *(besser)* als Steigerungsform von **bien**!

Dans la classe de mon fils, les filles sont meilleures que les garçons en maths.
In der Klasse meines Sohnes sind die Mädchen besser in Mathe als die Jungen.

Tu vas mieux aujourd'hui ?
Geht es dir heute besser?

enfin
endlich

finalement
schließlich

Auch im Deutschen ist der korrekte Gebrauch von *endlich* und *schließlich* nicht immer ganz einfach. Damit Sie aber richtig übersetzen, merken Sie sich am besten, dass *endlich* und **enfin** mit dem gleichen Buchstaben anfangen. Für *schließlich* steht im Französischen **finalement**.

Vous voilà enfin !
Da seid ihr ja endlich!

Il a finalement réussi à gagner.
Es ist ihm schließlich gelungen, zu gewinnen.

Lösung Blitzquiz
A

le magasin
der Laden, das Geschäft

le magazine
das Magazin, die Zeitschrift

Achten Sie bei den Wörtern **magasin** und **magazine** auf die Endung. Wollen Sie einkaufen gehen, betreten Sie ein **magasin**. Halten Sie eine Zeitschrift in den Händen, blättern Sie in einem **magazine**.

À quelle heure ouvre le magasin de chapeaux ?
Um wie viel Uhr öffnet das Hutgeschäft?

Vous vendez des magazines de musique ?
Verkaufen Sie Musikmagazine?

puis
dann

depuis
seit

Die Wörter **puis** und **depuis** unterscheiden sich nur gering, haben aber eine unterschiedliche Bedeutung und Funktion. **Puis** *(dann)* beschreibt meistens eine zeitliche Abfolge. **Depuis** bedeutet *seit* und steht fast immer am Anfang einer Zeitangabe.

Allez tout droit et puis à gauche.
Gehen Sie geradeaus und dann links.

Je vis à Paris depuis cinq ans.
Ich lebe seit fünf Jahren in Paris.

mettre au jour
zutage/ans Licht bringen

mettre à jour
aktualisieren

Wer hier **à** und **au** in der Mitte verwechselt, verändert den Sinn der Wendung.
Mettre au jour steht für *zutage* bzw. *ans Licht bringen*. **Mettre à jour** verwendet man im Sinne von *aktualisieren*.

L'enquête a mis au jour la vérité.
Die Untersuchung hat die Wahrheit ans Licht gebracht.

Cliquez ici pour mettre à jour la page.
Klicken Sie hier, um die Seite zu aktualisieren.

compréhensif, compréhensive
verständnisvoll

compréhensible
verständlich

Diese zwei Wörter ähneln einander sehr und sind schnell mal durcheinandergebracht. **Compréhensif** bedeutet *verständnisvoll*, **compréhensible** hingegen *verständlich*. Als Eselsbrücke können Sie sich merken, dass in der Endung *-lich* von *verständlich* ein **i** und ein **l** vorkommen wie bei **-ible** von **compréhensible**.

Son mari est patient et compréhensif.
Ihr Ehemann ist geduldig und verständnisvoll.

Tes arguments sont très compréhensibles.
Deine Argumente sind sehr verständlich.

le côté
die Seite

la côte
die Küste, die Rippe

Vorsicht bei diesem Wortpaar! Die beiden Wörter unterscheiden sich zum einem im Geschlecht und zum anderen im Akzent auf dem **e**.
Mit Akzent ist **côté** männlich und bedeutet die (!) *Seite*. Ohne Akzent am Ende des Wortes bezeichnet man mit **côte** die *Küste* oder die *Rippe*.

Il a garé sa voiture du mauvais côté de la rue.
Er hat sein Auto auf der falschen Straßenseite geparkt.

Ils vont passer leurs vacances sur la côte atlantique.
Sie werden ihre Ferien an der Atlantikküste verbringen.

QUIZ

Häufig verwechselte Wörter

Faisons le point ! Achtung, Verwechslungsgefahr! Bei manchen Wörtern ist es nicht so einfach, die richtige Entsprechung im Französischen zu finden. Hier im Quiz gibt es ein paar typische Beispiele für häufig verwechselte Wörter. C'est parti – los geht's!

		A	B
1.	Je ne ____ pas jouer du piano. Je n'ai jamais eu de cours.	❍ **A** peux	❍ **B** sais
2.	Nous ____ la télé.	❍ **A** regardons	❍ **B** voyons
3.	Vous ____ le chien ?	❍ **A** entendez	❍ **B** écoutez
4.	Le ____ de vêtements ferme à 19 heures.	❍ **A** magasin	❍ **B** magazine
5.	Il n'a même pas ____ ma quiche lorraine.	❍ **A** essayé	❍ **B** goûté
6.	Ils ne ____ pas aller au cinéma avec nous.	❍ **A** peuvent	❍ **B** savent
7.	Je peux ____ ton stylo, s'il te plaît ?	❍ **A** t'emprunter	❍ **B** te prêter
8.	Ce n'est pas grave ! Arrête de ____ !	❍ **A** pleuvoir	❍ **B** pleurer
9.	Tout le monde ____ s'engager pour plus de justice.	❍ **A** doit	❍ **B** faut
10.	____ âge as-tu ?	❍ **A** Quel	❍ **B** Lequel
11.	Hier, j'ai travaillé ____.	❍ **A** tout le jour	❍ **B** toute la journée

	A	B
12. ____ il fait froid, vous devez vous habillez chaudement.	❍ A Parce qu'	❍ B Comme
13. ____ tu seras arrivé à Berlin demain, appelle-moi !	❍ A Quand	❍ B Si
14. Il est fort ____ un lion.	❍ A comme	❍ B comment
15. Il ____ absolument trouver un médecin.	❍ A dois	❍ B faut
16. S'il ____ demain, on ne pourra pas aller à la piscine.	❍ A pleut	❍ B pleure
17. Elle a envie de ____ ses petits-enfants.	❍ A voir	❍ B regarder
18. Ils vont en France ____ .	❍ A toutes les années	❍ B tous les ans
19. Il voit toujours le bon ____ des choses.	❍ A côté	❍ B côte
20. On va aller à la mer, mais je préfère la montagne ____ .	❍ A en fait	❍ B au fait
21. Je suis malade ____ une semaine.	❍ A puis	❍ B depuis
22. J'ai ____ dormi.	❍ A bien	❍ B bon
23. Il adore les films d'____ noire.	❍ A humour	❍ B humeur
24. Le chat doit perdre du poids. Il est trop ____ .	❍ A grand	❍ B gros
25. Je ____ le musée d'Orsay demain.	❍ A rends visite	❍ B visite

Lösungen

1. B, 2. A, 3. A, 4. A, 5. B, 6. A, 7. A, 8. B, 9. A, 10. A, 11. B, 12. B, 13. A, 14. A, 15. B, 16. A, 17. A, 18. B, 19. A, 20. A, 21. B, 22. A, 23. A, 24. B, 25. B

WORTSCHATZ UND WORTBILDUNG

Schwierig zu übersetzende Wörter

aller chercher
abholen

venir chercher
abholen

Wenn man *abholen* ins Französische übersetzen möchte, muss man sich zwischen **aller chercher** und **venir chercher** entscheiden. Es ist nur eine Frage der Perspektive. Bei **aller chercher** geht man zu jemandem hin, bei **venir chercher** kommt jemand zu einem.

On va chercher le gâteau chez ma mère.
Wir holen den Kuchen bei meiner Mutter ab.

Il vient chercher le livre chez moi.
Er holt das Buch bei mir ab.

mettre quelque chose
etwas anziehen

habiller quelqu'un/ quelque chose
jemanden/ etwas anziehen

s'habiller
sich anziehen

Die richtige Übersetzung von *anziehen* hängt davon ab, ob man sich selbst etwas anzieht (**mettre quelque chose**) oder man jemanden anzieht (**habiller quelqu'un**). *Sich anziehen* übersetzt man mit **s'habiller**.

Elle met son nouveau manteau.
Sie zieht ihren neuen Mantel an.

Elle habille son bébé.
Sie zieht ihr Baby an.

Elle s'habille vite pour ne pas être en retard.
Sie zieht sich schnell an, um nicht zu spät zu kommen.

chez
bei, zu

auprès de
bei

près de
bei

Wenn *bei* im Sinne von „im Haus/im Laden einer Person“ gebraucht wird, ist *chez* die richtige Wahl. Ist hingegen mit *bei* „bei einer Person“ gemeint, müssen Sie **auprès de** verwenden. Soll *bei* „nicht weit entfernt von“ bedeuten, wird es mit **près de** übersetzt.

Tu habites encore chez tes parents ?
Wohnst du noch bei deinen Eltern?

Je dois m'excuser auprès de mon professeur.
Ich muss mich bei meinem Lehrer entschuldigen.

Ils nous attendent près de la station de métro.
Sie warten bei der Metrostation auf uns.

Attention

Aufgepasst bei diesen Sätzen mit *bei*!

Tu as de l'argent sur toi ?
Hast du Geld bei dir?

Paris sous la pluie est encore plus belle.
Paris bei Regen ist noch schöner.

En cas de danger, appelez ce numéro.
Bei Gefahr rufen Sie diese Nummer an.

recevoir
bekommen

obtenir
bekommen, erhalten

Bei *bekommen* gibt es zwei Übersetzungsmöglichkeiten. Bekommen Sie beispielsweise ein Geschenk, eine Einladung oder Post, dann verwenden Sie **recevoir**. Erhält man etwas durch Anstrengung, kommt **obtenir** zum Einsatz.

J'ai reçu une invitation pour le mariage de ma collègue.
Ich habe eine Einladung zur Hochzeit meiner Kollegin bekommen.

Il a obtenu le premier prix l'année dernière.
Er hat letztes Jahr den ersten Preis bekommen.

Petit détail

Für den Ausdruck *eine Krankheit bekommen* gibt es im Französischen die Formulierung **attraper une maladie**, wortwörtlich: „eine Krankheit fangen".

Mets ta veste ! Je ne veux pas que tu attrapes un rhume.
Zieh deine Jacke an! Ich möchte nicht, dass du eine Erkältung bekommst.

porter
bringen, tragen

Für *bringen* gibt es eine Reihe von Übersetzungsmöglichkeiten, die sich minimal im Sinn unterscheiden. Geht es darum, einen Gegenstand an einem bestimmten Ort zu *tragen*, kann *bringen* mit **porter** übersetzt werden.

Tu peux porter le colis à la poste, s'il te plaît ?
Kannst du bitte das Paket zur Post bringen?

apporter
bringen, mitbringen

Soll eine Sache mitgebracht werden, verwenden Sie **apporter**.

Tu peux m'apporter un croissant ?
Kannst du mir ein Croissant mitbringen?

emmener
bringen, hinbringen, mitnehmen

Soll *bringen* im Sinne von *hinbringen* oder *mitnehmen* gebraucht werden, ist **emmener** richtig. Man bringt eine Person zu einem Zielort und bleibt dort angekommen bei ihr.

J'emmène mes enfants à la plage.
Ich bringe meine Kinder zum Strand.

amener
bringen, hinbringen

Bei **amener** liegt der Schwerpunkt auf dem Zielort. Man bringt jemanden an einen bestimmten Ort und setzt oder gibt sie dort ab.

J'amène mes enfants à l'école.
Ich bringe meine Kinder zur Schule.

BLITZQUIZ
Vervollständigen Sie folgenden Satz mit dem passenden Wort.

La famille Vernay habite ___ de la mairie.

- ❍ **A** auprès
- ❍ **B** près

Attention

Achten Sie auf das Wort **emporter** *(mitnehmen)*. Es heißt, dass man einen Gegenstand mit sich nimmt und nicht abgibt.

Il emporte son parapluie parce qu'il pleut.
Er nimmt seinen Regenschirm mit, weil es regnet.

la même chose
dasselbe

le même, la même
derselbe, dieselbe, dasselbe

Wenn Sie *dasselbe* im Allgemeinen einsetzen möchten, ist **la même chose** die richtige Wahl. Wenn es sich um dieselbe Sache handelt, dann sollten Sie **le/la même** wählen.

Tu dis toujours la même chose.
Du sagst immer dasselbe.

Elle porte toujours la même robe.
Sie zieht immer dasselbe Kleid an.

Bon à savoir

Alleinstehend kann **même** je nach seiner Stellung im Satz noch andere Bedeutungen annehmen.

Le propriétaire même nous a accueillis.
Der Eigentümer selbst hat uns empfangen.

Le propriétaire nous a même accueillis avec un café.
Der Eigentümer hat uns sogar mit einem Kaffee empfangen.

Même le propriétaire était présent à la réunion.
Sogar/Selbst der Eigentümer war bei der Versammlung anwesend.

rappeler quelque chose à quelqu'un
jemanden an etwas erinnern

Wenn Sie jemanden an etwas *erinnern* möchten, ist **rappeler** das richtige Verb.
Wenn Sie *sich* selbst an etwas oder jemanden *erinnern*, können Sie zwischen **se rappeler** und **se souvenir** wählen. Passen Sie dabei auf, dass nur nach **se souvenir** das Wörtchen **de** folgt.

Lösung Blitzquiz
B

se rappeler quelque chose
sich an etwas erinnern

Tu peux me rappeler l'anniversaire de ta mère ?
Kannst du mich an den Geburtstag deiner Mutter erinnern?

Je ne me rappelle pas son prénom.
Ich erinnere mich nicht an seinen/ihren Vornamen.

se souvenir de quelqu'un/ quelque chose
sich an jemanden/ etwas erinnern

Je ne me souviens pas de son prénom.
Ich erinnere mich nicht an seinen/ihren Vornamen.

Attention

Ist das Objekt jedoch **moi**, **toi**, **lui**, **elle**, **nous**, **vous**, **elles**, muss auch nach **rappeler** ein **de** stehen.

Il se rappelle de moi.
Er erinnert sich an mich.

expliquer
erklären, erläutern

déclarer
erklären, bekannt geben

Um etwas zu *erläutern* oder zu *verdeutlichen*, verwenden Sie **expliquer**. Um *etwas bekannt zu geben* oder zu *verkünden*, brauchen Sie **déclarer**.

Je ne comprends pas. Tu peux m'expliquer ?
Ich verstehe nicht. Kannst du es mir erklären?

Le juge l'a déclarée coupable.
Der Richter hat sie für schuldig erklärt.

plus tôt
eher, früher

plutôt
eher, wahrscheinlicher, mehr

Im zeitlichen Sinne wird *eher* mit **plus tôt** übersetzt und ist somit die Steigerungsform von **tôt** *(früh)*. Wenn *eher* vergleichenden Charakter hat, steht das Wort **plutôt**.

Pourquoi tu ne me l'as pas dit plus tôt ?
Warum hast du es mir nicht früher gesagt?

Nous prenons plutôt le train que la voiture.
Wir nehmen eher den Zug als das Auto.

paraître
erscheinen, veröffentlicht werden

apparaître
erscheinen, auftauchen

Kann man *erscheinen* mit *veröffentlicht werden* gleichsetzen, so heißt es **paraître**. Geht es darum, dass etwas (plötzlich) *sichtbar wird*, dann ist **apparaître** richtig.

Le livre paraît en juin.
Das Buch erscheint im Juni.

Tout à coup, il apparaît sur scène.
Plötzlich erscheint er auf der Bühne.

aller
fahren (allgemein), gehen

Für *fahren* gibt es im Französischen nicht nur eine gültige Übersetzung. Es kommt bei der Wahl des richtigen Wortes auf den Kontext an.
Fahren im Allgemeinen wird meistens mit **aller** übersetzt.

Nous allons à Lyon.
Wir fahren nach Lyon.

rouler
fahren (Fahrzeug)

Spricht man über ein Fahrzeug, das fährt, nimmt man **rouler**.

Ta voiture roule encore ?
Fährt dein Auto noch?

conduire
fahren, steuern

Spricht man über *fahren* im Sinne von „ein Fahrzeug steuern oder lenken", gebraucht man das Verb **conduire**.

Mon fils apprend à conduire.
Mein Sohn lernt Auto fahren.

circuler
fahren, verkehren

Fahren mit der Bedeutung von „verkehren" lässt sich durch **circuler** ausdrücken.

Ce bus ne circule pas le dimanche.
Dieser Bus fährt sonntags nicht.

Bon à savoir

Geht es darum, mit einem bestimmten Verkehrsmittel zu *fahren*, können Sie **aller en** verwenden.

Elles y vont en train / voiture / bus / taxi / métro.
Sie fahren mit dem Zug / Auto / Bus / Taxi / der U-Bahn dorthin.

faux, fausse
falsch, unecht, gefälscht

mauvais(e)
falsch, schlecht, nicht richtig

Ist etwas, wie Schmuck oder Geld, *unecht*, wird **faux** bzw. **fausse** für *falsch* verwendet. **Faux/fausse** gebraucht man zum Beispiel auch, wenn etwas fehlerhaft oder lückenhaft ist. Daraus ergibt sich die Frage **Vrai ou faux ?** *(Richtig oder falsch?)*. Im Sinne von *schlecht* oder *nicht richtig*, sagt man im Französischen **mauvais(e)**.

Elle a donné un faux nom et le mauvais numéro de téléphone à la police.
Sie hat der Polizei einen falschen Namen und die falsche Telefonnummer gegeben.

presque
fast, beinahe

près de
fast, beinahe

Meistens können Sie für *fast* **presque** sagen. Bei Zahlen und Zeitangaben verwenden Sie aber **près de**.

Il n'arrive presque jamais en retard.
Er kommt fast nie zu spät.

Près de 10 000 personnes sont venues au concert !
Fast 10.000 Menschen sind zum Konzert gekommen!

faillir faire quelque chose
fast/beinahe etwas tun

Vor Verben steht jedoch **faillir faire quelque chose**.

J'ai failli rater le tram.
Ich habe fast die Straßenbahn verpasst.

prêt(e)
fertig, bereit zu

fini/terminé
fertig, beendet, abgeschlossen

épuisé(e)
fertig, erschöpft

Christophe : Le film commence dans 20 minutes. Tu es **prêt (1)** ?
Hugo : Non, je n'ai pas encore **fini (2)** mes devoirs. Demande à Élodie si elle peut venir avec toi.
Christophe : Non, elle est **épuisée (3)**. Elle reste à la maison.

Alle drei markierten Wörter kann man im Deutschen mit *fertig* übersetzen: *Bist du fertig?* (1), *Ich habe meine Hausaufgaben noch nicht fertig* (2), *Sie ist fix und fertig* (3).

être content(e) / avoir hâte / être impatient(e) de faire quelque chose
sich freuen, etwas zu tun

Für *sich freuen* gibt es keine direkte Entsprechung im Französischen. Deshalb kommen Umschreibungen zum Einsatz, wenn man sich (auf etwas) *freut*.

Il est content/impatient de la voir.
Er freut sich, sie zu sehen.

J'ai hâte d'aller au concert.
Ich freue mich darauf, ins Konzert zu gehen.

le sentiment
das Gefühl

Geht es beim *Gefühl* um eine seelische Empfindung (Freude, Glück), ist **sentiment** der treffende Begriff.

Elle ne peut pas exprimer ses sentiments.
Sie kann ihre Gefühle nicht ausdrücken.

la sensation
das Gefühl

Gefühl als eine Sinneswahrnehmung heißt **sensation**.

Cette odeur me procure une sensation de bien-être.
Dieser Duft löst bei mir ein wohliges Gefühl aus.

l'impression (f.)
das Gefühl, der Eindruck

Gefühl im Sinne von Eindruck heißt **impression**.

J'ai l'impression qu'elle n'est pas heureuse.
Ich habe das Gefühl, dass sie nicht glücklich ist.

contre
gegen, entgegen

envers
gegen, gegenüber

vers
gegen, etwa um

In den meisten Fällen heißt **contre** *gegen*. Im Sinne von *gegenüber* verwenden Sie jedoch **envers**. Können Sie *gegen* mit *etwa um* ersetzen, dann wählen Sie **vers**.

Nous avons joué contre une équipe très forte.
Wir haben gegen eine sehr starke Mannschaft gespielt.

Tu es très ouvert envers tout le monde.
Du bist allen gegenüber sehr aufgeschlossen.

Mon mari rentre vers 19 heures.
Mein Mann kommt gegen 19 Uhr nach Hause.

aller
gehen, sich fühlen, sich befinden

Das Verb *gehen* kommt häufig zum Einsatz. Daher ist es wichtig zu wissen, wie Sie es auf Französisch übersetzen können. Ganz allgemein können Sie **aller** verwenden. Auch für *gehen* im Sinne von *sich fühlen* oder *sich befinden* können Sie **aller** sagen.

Allez-vous au restaurant ?
Geht ihr/Gehen Sie ins ins Restaurant?

Comment ça va ?
Wie geht's?

aller à pied / marcher
(zu Fuß) gehen

marcher
gehen, funktionieren

Möchten Sie bei *gehen* präzisieren, dass Sie *zu Fuß gehen*, dann können Sie zwischen **aller à pied** oder **marcher** wählen. Letzteres hat auch die Bedeutung *funktionieren*.

On prend le bus ou on marche ?
Nehmen wir den Bus oder gehen wir zu Fuß?

La lave-vaisselle ne marche plus.
Die Spülmaschine geht nicht mehr.

BLITZQUIZ
Vervollständigen Sie folgenden Satz mit dem passenden Wort.

Nous sommes ___ à partir.
- A finis
- B prêts

partir
gehen, weggehen

Gehen im Sinne von *weggehen* oder *abfahren* kann man mit **partir** übersetzen.

À quelle heure va-t-il partir ?
Wann wird er weggehen?

Bon à savoir

Für das Verb *gehen* im übertragenen Sinne und in Wendungen gibt es eine ganze Reihe an Übersetzungsmöglichkeiten. Hier eine kleine Auswahl.

Cela ne te regarde pas.
Das geht dich nichts an.

De quoi s'agit-il ?
Um was geht es?

Les jupes courtes se vendent bien.
Die kurzen Röcke gehen gut.

Qu'est-ce qui se passe ici ?
Was geht hier vor?

Il est entré dans la maison.
Er ist ins Haus gegangen.

curieux, curieuse
gespannt

tendu(e)
(an)gespannt

Sind Sie *gespannt* auf ein Geschenk oder ist das Verhältnis zu Ihrem Chef gerade *gespannt*? Im ersten Fall wäre **curieux/ curieuse** das richtige Wort, im zweiten Fall **tendu(e)**.

Elle est curieuse de voir le cadeau.
Sie ist auf das Geschenk gespannt.

La relation entre moi et mon chef est tendue.
Das Verhältnis zwischen mir und meinem Chef ist (an)gespannt.

Lösung Blitzquiz
B

la taille
die Körper-/ Kleidergröße

la pointure
die Schuhgröße

la grandeur
die Größe

Sie wollen sich in einem Geschäft nach der *Größe* eines Kleidungsstücks oder eines Schuhs erkundigen? Dann werden Ihnen folgende Wörter helfen. Für die *Kleider-* bzw. *Körpergröße* sagt man in Frankreich **taille**. Geht es um Schuhe, handelt es sich um **pointure**. Wenn Sie über die *Größe* als Charaktereigenschaft sprechen wollen, ist **grandeur** der passende Begriff.

Quelle est votre taille ?
Welche Größe haben Sie?

Il n'y a plus ces chaussures dans votre pointure.
Diese Schuhe gibt es nicht mehr in Ihrer Schuhgröße.

Ce comportement est une preuve de sa grandeur.
Dieses Verhalten ist ein Beweis seiner/ihrer Größe.

le cheveu
das (Kopf-)Haar

le poil
das (Körper-) Haar, das Tierhaar, das Fell

Im Französischen gibt es bei dem Wort *Haar* einen Unterschied, je nachdem, wo das Haar wächst. *Kopfhaare* werden als **cheveux** bezeichnet, während **poils** *Körperhaare* sind. Dem Wort **poil** begegnet man auch in der Tierwelt.

Jean a les cheveux noirs mais les poils de sa barbe sont blancs.
Jean hat schwarze Haare, aber seine Barthaare sind weiß.

Comment entretenir le poil de ce chien ?
Wie muss man das Fell dieses Hundes pflegen?

Attention

Achten Sie auf den Unterschied zwischen den Pluralformen **cheveux** *(Haare)* und **chevaux** *(Pferde)*, damit Ihnen nicht plötzlich Pferde auf dem Kopf wachsen!

toujours
immer

encore/ toujours
immer noch

tout le temps
immer (wieder), ständig

Immer hat im Französischen je nach Zusammenhang unterschiedliche Entsprechungen. Im Allgemeinen wird es mit **toujours** übersetzt. Liegt die Betonung auf *immer noch*, gebraucht man **encore** oder **toujours**. Wird etwas *immer wieder* bzw. *ständig* gemacht, drückt man dies mit **tout le temps** aus.

Il a toujours faim.
Er hat immer Hunger.

Réveille les enfants ! Ils dorment encore.
Weck die Kinder auf! Sie schlafen immer noch.

Mon copain contrôle tout le temps ses mails.
Mein Freund kontrolliert immer seine E-Mails.

Petit détail

Um eine Steigerung zu verstärken, kann man **de plus en plus** *(immer mehr)* oder **de moins en moins** *(immer weniger)* einsetzen.

Il travaillait de plus en plus / de moins en moins.
Er arbeitet immer mehr / immer weniger.

demi
halb (Adjektiv)

Beschreibt *halb* ein Substantiv näher, wird es mit **demi** übersetzt. Es ist unveränderlich. Das Substantiv wird mit einem Bindestrich angefügt.

J'ai lu une demi-page.
Ich habe eine halbe Seite gelesen.

demie
halb (Uhrzeit)

Um die *halbe* Stunde bei der Uhrzeit anzugeben, verwenden Sie **demie**. Achten Sie hier auf das **e** am Ende!

Il est huit heures et demie.
Es ist halb neun.

à demi / à moitié
halb (Adverb)

Bezieht sich *halb* auf ein Substantiv oder ein Verb, lautet der richtige Ausdruck **à demi** oder **à moitié**.

Il ne laisse jamais son travail à moitié terminé.
Er lässt seine Arbeit nie halb fertig zurück.

moitié moins... que
halb so ... wie

Bei einem Vergleich kommt **moitié moins... que** zum Einsatz.

Elle a moitié moins de vêtements que moi.
Sie hat halb so viele Kleider wie ich.

vrai(e)/ véritable
richtig, echt, wirklich

Handelt sich bei *richtig* um ein Synonym für *echt* oder *wirklich*, dann kommt im Französischen **vrai(e)** oder **véritable** in Frage.

Elle ne connaît pas ses vrais parents.
Sie kennt ihre richtigen Eltern nicht.

juste
richtig, korrekt

bon, bonne
richtig, angebracht, passend

Ist etwas *fehlerfrei* und daher *richtig*, verwendet man **juste** oder **bon/bonne**. Letzteres kann auch die Bedeutung *angebracht* oder *passend* annehmen.

Le calcul est juste.
Die Rechnung ist richtig.

C'est la bonne réponse.
Das ist die richtige Antwort.

dans
in

à, au, aux
in

en
in

Die Ortsangabe *in* kann im Französischen unterschiedlich übersetzt werden. Bei konkreten Ortsangaben steht **dans**. Vor Städten nimmt man **à** und bei weiblichen Länder- oder Provinznamen **en**. Bei männlichen Ländern steht **au** und bei Ländern oder Inseln im Plural **aux**.

Le passeport est dans le sac à dos.
Der Pass ist im Rucksack.

Le festival a lieu à Rennes, en Bretagne.
Das Festival findet in Rennes, in der Bretagne, statt.

Bon à savoir

Bei der Zeitangabe *in* unterscheidet man zwischen **en** (innerhalb von) und **dans** (nach Ablauf von).

Vous devez courir 100 mètres en 20 secondes.
Ihr müsst 100 Meter in 20 Sekunden laufen.

On se voit dans 10 minutes.
Wir sehen uns in zehn Minuten.

Attention

~~dans~~ ce moment / ~~dans~~ cet instant
Bei der Wendung *in diesem Moment* wird die Präposition **à** für *in* gebraucht: **à ce moment.** Ebenso für **à cet instant** *(in diesem Augenblick).*

C'est à ce moment qu'il a commencé à pleuvoir.
In diesem Moment fing es an zu regnen.

facile
leicht, einfach

léger, légère
leicht, leicht an Gewicht, nicht belastend

Ist eine Aufgabe *leicht* bzw. *einfach* zu lösen, dann kann sie mit **facile** umschrieben werden. Ist etwas *leicht* an Gewicht, dann ist **léger/légère** der treffende Begriff.

Cet exercice est facile.
Diese Aufgabe ist einfach.

Ma valise est très légère.
Mein Koffer ist sehr leicht.

Petit détail

Léger/Légère wird auch für *leicht* im übertragenen Sinne gebraucht, wie für leichte Kost oder leichte Kleidung.

Je prends souvent un petit-déjeuner léger.
Oft nehme ich ein leichtes Frühstück zu mir.

prochain(e)
nächste(r,s)

le/la plus proche
nächste(r,s), der/die/das nächste (nächstgelegen)

le/la suivant(e)
nächste(r,s), der/die/das nächste (in der Reihenfolge)

le lendemain
der nächste Tag, am nächsten Tag

Die Übersetzung von *nächste(r,s)* hängt vom jeweiligen Kontext an. Im Allgemeinen gebraucht man dafür **prochain(e)**. Meint man damit den *nächstgelegenen* Ort, so verwendet man **le plus proche**. Ist *der nächste* in einer Reihenfolge gemeint, ist **le suivant** der richtige Ausdruck. Geht es speziell um den *nächsten Tag*, sagt man **le lendemain**.

Le prochain train part à sept heures.
Der nächste Zug fährt um sieben Uhr.

Où est le supermarché le plus proche ?
Wo ist der nächste Supermarkt?

Faites l'exercice suivant !
Macht die nächste Aufgabe!

Ils sont partis le lendemain.
Sie sind am nächsten Tag abgefahren.

j'espère que
hoffentlich

j'espère + *Infinitiv*
hoffentlich

Hoffentlich wird im Französischen mit **espérer** *(hoffen)* wiedergegeben. Nach **espérer** steht entweder ein Nebensatz (bei unterschiedlichem Subjekt) oder ein Infinitiv, wenn sich das Erhoffte auf die sprechende Person selbst bezieht.

J'espère que l'avion partira à l'heure.
Hoffentlich fliegt das Flugzeug pünktlich los.

J'espère te revoir bientôt.
Hoffentlich sehe ich dich bald wieder.

espérons que
hoffentlich

Möchten Sie als sprechende Person nicht nur die eigene Hoffnung zum Ausdruck bringen, sondern auch den Zuhörer einschließen, verwenden Sie **espérons que** mit Nebensatz oder Infinitiv.

Espérons que tout se passera bien !
Hoffentlich geht alles gut.

nouveau, nouvelle
neu, neuartig

neuf, neuve
neu, neuwertig

Was ist der Unterschied zwischen beiden Sätzen?
Madame Dumont a une nouvelle voiture.
Madame Dumont a une voiture neuve.

Der erste Satz sagt aus, dass Madame Dumont ein *neues* Auto hat, welches aber nicht unbedingt fabrikneu sein muss. Der zweite Satz besagt, dass es ein *neues*, sprich ungebrauchtes Auto ist.

Attention

Nouveau steht vor oder hinter dem Substantiv, nachgestellt bedeutet es jedoch *neuartig*. **Neuf** wird immer nachgestellt!

C'est un modèle nouveau.
Das ist ein neuartiges Modell.

très
sehr

Wird *sehr* eingesetzt, um Eigenschaften oder Umstände näher zu bestimmen, so übersetzt man es mit **très**.

Il fait très froid.
Es ist sehr kalt.

On a couru très vite.
Wir sind sehr schnell gerannt.

beaucoup
sehr

Beschreibt *sehr* ein Verb genauer, gebraucht man **beaucoup**.

Je t'aime beaucoup.
Ich liebe dich sehr.

la paire
das Paar

le couple
das Paar

quelques
ein paar, einige

Bei zwei zusammengehörenden Dingen spricht man von **paire**. *Ein Paar* aus zwei Menschen bezeichnet man als **couple**. *Ein paar* mit der Bedeutung von *einige* kann mit **quelques** übersetzt werden.

Je dois m'acheter une paire de chaussettes.
Ich muss mir ein Paar Socken kaufen.

Pia et Léo sont un couple heureux.
Pia und Léo sind ein glückliches Paar.

Tu peux me montrer quelques photos ?
Kannst du mir ein paar Fotos zeigen?

difficile
schwer, schwierig

lourd(e)
schwer (an Gewicht), erheblich

grave
schwer, ernst, bedrohlich

Bei dem Wort *schwer* haben Sie die Wahl zwischen **difficile**, wenn etwas *schwierig* ist, und **lourd(e)**, wenn etwas *schwer an Gewicht* ist.

Ce livre est difficile à comprendre.
Dieses Buch ist schwer zu verstehen.

Vos bagages sont trop lourds.
Ihr Gepäck ist zu schwer.

Mit **grave** bezeichnet man etwas, dass *schwer* im Sinne von *ernst* und *bedrohlich* ist.

Il souffre d'une grave maladie.
Er leidet an einer schweren Krankheit.

BLITZQUIZ
Vervollständigen Sie folgenden Satz mit dem passenden Wort.

Hier, notre ___ collègue est arrivé.

- ❍ **A** nouveau
- ❍ **B** neuf

si
so

Das Wörtchen *so* kann im Deutschen unterschiedlich eingesetzt werden. Die richtige Übersetzung richtet sich daher nach der Funktion von *so* im Satz. Beschreibt so eine Eigenschaft oder einen Umstand näher, steht **si**.

Elle est si belle.
Sie ist so schön.

tellement/tant
so, so sehr

tellement de/tant de
so, so viel

Bei einem Verb kann man für *so* oder *so sehr* **tellement** oder **tant** benutzen. Vor einem Substantiv erhalten **tellement** und **tant** die Ergänzung **de**.

Tu me manques tellement.
Ich vermisse dich so sehr.

J'ai tant de travail.
Ich habe so viel Arbeit.

ainsi/ comme ça
so, auf diese Weise

So in der Bedeutung *auf diese Weise* kann man mit **ainsi** und **comme ça** ausdrücken.

Ça pourrait marcher comme ça.
So könnte es klappen.

aussi... que
so ... wie

Bei einem Vergleich wird *so* mit **aussi... que** übersetzt.

Elle est aussi grande que son frère.
Sie ist so groß wie ihr Bruder.

Lösung Blitzquiz
A

Attention

Verwechseln Sie **aussi... que** nicht mit **autant... que**. Beide bedeuten *so viel*. **Autant... que** kann nur zusammen mit einem Substantiv oder einem Verb stehen. **Aussi... que** nur mit Adjektiven und Adverbien.

Je regarde autant de films que je veux.
Ich schaue so viele Filme an, wie ich möchte.

Tu manges autant que moi.
Du isst so viel wie ich.

Caroline est aussi sportive que Lucie.
Caroline ist so sportlich wie Lucie.

la langue
die Sprache, die Zunge

le langage
die Sprache, die Ausdrucksweise

la parole
die Sprache, das Wort, das Sprachvermögen

Für das Wort *Sprache* gibt es hauptsächlich drei Übersetzungsmöglichkeiten. Für die *Sprache* eines Volkes gebraucht man **langue**, was übrigens auch die Übersetzung für die *Zunge* ist. Geht es um die *Sprache* als Ausdrucksweise, nimmt man **langage**. Bei **parole** geht es hingegen um *Sprache* als Sprachvermögen.

Combien de langues parles-tu ?
Wie viel Sprachen sprichst du?

Cet article parle du langage des jeunes.
Dieser Artikel behandelt die Jugendsprache.

Son père a perdu la parole à cause de sa maladie.
Sein Vater hat die Sprache aufgrund seiner Erkrankung verloren.

faire de la musique/ faire du sport
Musik/Sport machen

Um zu sagen, dass man Musik oder Sport macht, kann man auch **faire** gebrauchen, zum Beispiel **faire du piano** *(Klavier spielen)* oder **faire du foot** *(Fußball spielen)*.
Die Ergänzung ist immer **de** + Artikel!

Notre fille fait de la flûte et du tennis.
Unsere Tochter spielt Flöte und Tennis.

jouer
spielen

se dérouler/ se passer
spielen, sich abspielen

Handelt es sich bei *spielen* darum, ein Spiel oder ein Instrument zu spielen, ist **jouer** das passende Verb. Für *spielen* als *sich abspielen* verwendet man **se dérouler** oder **se passer**.

Tu as envie de jouer aux cartes avec moi ?
Hast du Lust, mit mir Karten zu spielen?

Le film se passe à Lille.
Der Film spielt in Lille.

Attention

Achten Sie dabei auf die unterschiedliche Ergänzung **jouer de quelque chose** (Instrument) und **jouer à quelque chose** (Spiel/Sport).
Daher werden Musikinstrumente mit **du/de la/de l'/des** und Sportarten mit **au/à la/à l'/aux** angeschlossen:

jouer du piano *(Klavier spielen)*, **jouer de la flûte** *(Flöte spielen)*, **jouer de l'accordéon** *(Akkordeon spielen)*
jouer au foot *(Fußball spielen)*, **jouer à l'ordinateur** *(mit dem Computer spielen)*, **jouer aux échecs** *(Schach spielen)*

rencontrer quelqu'un
jemanden treffen

tomber sur quelqu'un
jemanden (zufällig) treffen, jemandem begegnen

se rencontrer/ se retrouver
sich treffen

Für *treffen* können Sie im Französischen **rencontrer** sagen. Wenn Sie jemanden *zufällig treffen*, ist **tomber sur quelqu'un** passend.

Je vais rencontrer mes amis demain.
Ich werde morgen meine Freunde treffen.

Elle est tombée sur son ex-copain au supermarché.
Sie hat ihren Ex-Freund zufällig im Supermarkt getroffen.

Für *sich treffen* kann man **se rencontrer** oder **se retrouver** verwenden.

On se retrouve tous les samedis vers midi.
Wir treffen uns jeden Samstag gegen Mittag.

Petit détail

Geht es bei *treffen* um eine Entscheidung oder eine Maßnahme, gebraucht man **prendre**.

Qui a pris cette décision ?
Wer hat diese Entscheidung getroffen?

la pièce
das Stück, das Theater-/Geldstück

le morceau
das Stück

Bei *Stück* müssen Sie sich zwischen **pièce** und **morceau** entscheiden. Ersteres steht für *Stück*, wenn es als Ganzes betrachtet werden kann, wie ein Geld- oder ein Theaterstück. Ist *Stück* ein Teil eines Ganzen, zum Beispiel eines Kuchens, verwendet man **morceau**.

Ça coûte trois euros la pièce.
Das kostet drei Euro das Stück.

Antonin a mangé deux morceaux de gâteau.
Antonin hat zwei Stück Kuchen gegessen.

gagner
verdienen

mériter
verdienen

Wenn es darum geht, einen Verdienst zu bekommen oder Gewinn zu machen, wird *verdienen* mit **gagner** übersetzt. *Verdienen* im Sinne von etwas beanspruchen dürfen, wie Respekt oder Tadel, ist **mériter** der richtige Begriff.

Il gagne 3 000 euros brut par mois.
Er verdient 3.000 Euro brutto im Monat.

Nous avons bien mérité nos vacances.
Wir haben uns den Urlaub redlich verdient.

comprendre
verstehen, begreifen

entendre
verstehen, hören

Können Sie *verstehen* durch *begreifen* ersetzen, dann ist **comprendre** die passende Übersetzung. Geht es dabei um die akustische Wahrnehmung, dann ist **entendre** die richtige Wahl.

Je ne comprends pas pourquoi il a démissionné.
Ich verstehe nicht, warum er gekündigt hat.

Comment ? Je ne vous entends pas bien.
Wie bitte? Ich verstehe Sie nicht gut.

Petit détail

Verstehen in der Bedeutung von *etwas gut können* wird mit **savoir** + Infinitiv ausgedrückt.

Tu sais motiver les enfants.
Du verstehst es, Kinder zu motivieren. / Du kannst gut Kinder motivieren.

devant
vor (räumlich)

avant
vor (zeitlich, in Bezug auf eine Reihenfolge)

Sie wollen sich *vor* dem Louvre mit Freunden treffen. Heißt das nun ~~avant~~ oder **devant le Louvre**? Geht es um eine Ortsangabe, dann ist **devant** die richtige Wahl.

il y a
vor (zeitlich)

la veille
vor, am Tag vorher

Bei Zeitangaben steht **il y a** bzw. **avant**, wenn es um eine bestimmte Reihenfolge geht. **La veille** bedeutet *vor*, wenn man über den vorhergehenden Tag spricht.

On se donne rendez-vous devant le Louvre ?
Treffen wir uns vor dem Louvre?

Je suis arrivé avant toi.
Ich bin vor dir angekommen.

Ma famille a déménagé il y a deux semaines.
Meine Familie ist vor zwei Wochen umgezogen.

Il est tombé malade la veille de mon anniversaire.
Er ist am Tag vor meinem Geburtstag krank geworden.

à cause de
wegen, aufgrund, infolge

grâce à
wegen, dank, mithilfe

Ist die Folge einer Ursache negativ, übersetzt man *wegen* mit **à cause de**. Ist die Ursache jedoch positiv, steht **grâce à**.

Je suis en retard à cause du bouchon.
Wegen des Staus bin ich spät dran.

Il a réussi à son examen grâce à mon aide.
Er hat die Prüfung dank meiner Hilfe bestanden.

Bon à savoir

Sie können auch **en raison de** für *wegen* verwenden. **En raison de** wird unabhängig davon eingesetzt, ob die Ursache positiv oder negativ ist.

Elle ne peut plus voyager en raison de son âge.
Sie kann wegen ihres Alters nicht mehr reisen.

le temps
die Zeit

l'heure (f.)
die Zeit, die Stunde, die Uhrzeit

Im Allgemeinen wird *Zeit* mit dem Wort **temps** ausgedrückt. In einigen Wendungen steht für *Zeit* jedoch **heure**, wenn es konkret um die Uhrzeit geht.

J'ai tout mon temps.
Ich habe ganz viel Zeit.

Avez-vous l'heure exacte ?
Haben Sie die genaue Zeit?

Il m'a demandé l'heure.
Er hat mich nach der Uhrzeit gefragt.

Bon à savoir

Le temps kann auch *das Wetter* bedeuten.

Quel temps fera-t-il demain ?
Wie wird das Wetter morgen?

la pièce
das Zimmer, der Raum

la chambre
das Schlafzimmer

la salle
das Zimmer, der Saal

Zimmer im Allgemeinen heißt **pièce**. Hat es jedoch eine Schlafgelegenheit, wird es dann nur als **chambre** bezeichnet. Bestimmte *Zimmer*, beispielweise das Badezimmer, umschreibt man mit **salle**.

Notre appartement a trois pièces.
Unsere Wohnung hat drei Zimmer.

Vous voulez une chambre avec douche ou salle de bains ?
Wollen Sie ein Zimmer mit Dusche oder Badezimmer?

QUIZ

Schwierig zu übersetzende Wörter

Faisons le point ! Je nach Zusammenhang haben deutsche Wörter im Französischen unterschiedliche Übersetzungen. Achten Sie daher genau auf den Kontext und wählen Sie die korrekte Antwort.

1.	On va à la plage. ____ vos maillots de bain !	❍ A Habillez	❍ B Mettez
2.	Tu peux venir ____ demain, à 7 heures au lieu de 8 heures ?	❍ A plutôt	❍ B plus tôt
3.	Cette pièce d'identité est ____.	❍ A fausse	❍ B mauvaise
4.	C'est seulement un ____ rhume.	❍ A facile	❍ B léger
5.	Je voudrais vous présenter ma ____ copine.	❍ A nouvelle	❍ B neuve
6.	Où ____ le roman ?	❍ A se déroule	❍ B joue
7.	Il a vraiment ____ la partie ?	❍ A gagné	❍ B mérité
8.	La voiture est garée ____ le restaurant.	❍ A avant	❍ B devant
9.	La fête a été annulée ____ la tempête.	❍ A à cause de	❍ B grâce à
10.	Il est ____ ?	❍ A quelle heure	❍ B quel temps
11.	On va dormir dans quelle ____ ?	❍ A chambre	❍ B pièce
12.	Viens t'asseoir ____ moi !	❍ A chez	❍ B auprès de

13. Je n'ai pas encore ____ ton e-mail.
❍ A obtenu ❍ B reçu

14. Si tu passes au café, tu peux m'____ un cappuccino ?
❍ A apporter ❍ B porter

15. Je voudrais t'____ au restaurant ce soir.
❍ A emmener ❍ B amener

16. Il ne se ____ plus son numéro de téléphone.
❍ A souvient ❍ B rappelle

17. Ils ont ____ la guerre à leur ennemi.
❍ A déclaré ❍ B expliqué

18. Je n'ai jamais appris à ____ .
❍ A rouler ❍ B conduire

19. On doit partir dans cinq minutes. Tu es ____ ?
❍ A finie ❍ B prête

20. Il a blessé mes ____.
❍ A sentiments ❍ B sensations

21. Cet exercice est vraiment ____ .
❍ A lourd ❍ B difficile

22. Nous allons ____ Italie cet été.
❍ A dans ❍ B à ❍ C en

23. Quelles ____ est-ce tu parles ?
❍ A paroles ❍ B langues ❍ C langages

24. Il est ____ intelligent qu'il a passé le bac à 15 ans.
❍ A si ❍ B aussi ❍ C ainsi

25. Il est trois heures et ____ .
❍ A moitié ❍ B demie ❍ C demi

Lösungen

1. B, 2. B, 3. A, 4. B, 5. A, 6. A, 7. A, 8. B, 9. A, 10. A, 11. A, 12. B, 13. B, 14. A, 15. A, 16. B, 17. A, 18. B, 19. B, 20. A, 21. B, 22. C, 23. B, 24. A, 25. B

GRAMMATIK

Adjektive

marron
braun

le marron
die Esskastanie

Vielleicht wissen Sie schon, dass einige Farbadjektive, wie **marron** *(braun)*, unveränderlich sind. Das heißt, ihre Form bleibt auch bei weiblichen Substantiven oder bei Substantiven im Plural unverändert.
Diese Regel gilt für alle Farbadjektive, die dem Ursprung nach Substantive sind und meistens Früchte, Steine oder andere reale Gegenstände bezeichnen. **Marron** leitet sich von **le marron** *(die Esskastanie)* ab.

La chanteuse porte des chaussures marron.
Die Sängerin trägt braune Schuhe.

Bon à savoir

Folgende Farbadjektive sind ebenfalls unveränderlich:

orange *(orangefarben)*, **abricot** *(aprikosenfarben)*, **cerise** *(kirschrot)*, **crème** *(cremefarben)*, **turquoise** *(türkis)*, **pastel** *(pastellfarben)*, **or** *(goldfarben)*

Petit détail

Was wäre eine Regel ohne ihre Ausnahme? Folgende Farbadjektive sind veränderlich, obwohl sie dem Ursprung nach Substantive sind:

rose *(rosa)*, **violet** *(violett)*, **mauve** *(blasslila)*, **pourpre** *(purpurfarben)*, **fauve** *(fahlgelb)*, **écarlate** *(scharlachrot)*

bleu clair
hellblau

les yeux ~~bleus clairs~~

Farbadjektive, die durch ein anderes Adjektiv näher beschrieben werden, sind unveränderlich. Das zweite Adjektiv wird ohne Bindestrich angehängt.

Mon fils a les yeux bleu clair.
Mein Sohn hat hellblaue Augen.

Attention

Wird das Farbadjektiv durch ein weiteres Farbadjektiv näher bestimmt, wird das zweite Adjektiv durch einen Bindestrich angehängt. Beide Farbadjektive sind in dieser Kombination unveränderlich.

J'ai acheté une robe bleu-vert.
Ich habe ein blau-grünes Kleid gekauft.

blanc, blanche
weiß

Die weibliche Form des Farbadjektivs *weiß* ist eine Sonderform. Sie lautet: **blanche**.

Tu peux aussi repasser ma chemise blanche ?
Kannst du auch mein weißes Hemd bügeln?

Bon à savoir

Folgende Adjektive bilden ebenfalls unregelmäßige weibliche Formen:

doux, douce *(sanft, weich)*, **faux, fausse** *(falsch)*, **fou, folle** *(verrückt)*, **frais, fraîche** *(frisch)*, **franc, franche** *(aufrichtig)*, **sec, sèche** *(trocken)*, **turc, turque** *(türkisch)*, **public, publique** *(öffentlich)*, **long, longue** *(lang)*

mignon, mignonne
niedlich, süß

Normalerweise bildet man die weibliche Form des Adjektivs durch Anhängen eines -**e** an das männliche Adjektiv. So wird beispielsweise **grand** zu **grande** *(groß)*.

Einige Adjektive haben aber eine spezielle weibliche Form. Zu dieser Gruppe gehören die Adjektive auf -**on**, wie **mignon** *(niedlich)*. Die weibliche Form wird mit der Endung -**onne**, also **mignonne**, gebildet.

Ta copine est vraiment mignonne.
Deine Freundin ist wirklich süß.

Attention

Adjektive mit folgenden Endungen haben ebenfalls eine spezielle weibliche Form:

-f → -ve: neuf, neuve *(neu)*
-eux/-eur → -euse: dangereux, dangereuse *(gefährlich)*
-(i)er → -(i)ère: cher, chère *(teuer)*,
dernier, dernière *(letzter, letzte)*
-et → -ète: inquiet, inquiète *(beunruhigt)*
-os → -osse: gros, grosse *(dick)*
-en → -enne: italien, italienne *(italienisch)*
-el → -elle: artificiel, artificielle *(künstlich)*
-il → -ille: gentil, gentille *(nett)*
-as → -asse: gras, grasse *(fett)*

rouge
rot

Endet das männliche Adjektiv bereits mit einem -**e**, wird bei der weiblichen Form kein weiteres -**e** angehängt. Daher sind die männliche und weibliche Form des Adjektivs gleich: **rouge**.

Oh non, j'ai une tache rouge sur mon pantalon !
Oh nein, ich habe einen roten Fleck auf meiner Hose!

super
super

Das Adjektiv **super** wird im Französischen nicht in Geschlecht und Zahl an das Substantiv angeglichen. Es ist unveränderlich.

Nos vacances étaient super.
Unsere Ferien waren super.

Petit détail

Auch das Adjektiv **sympa**, abgekürzt für **sympathique** *(sympathisch)*, kann in seiner Kurzform nicht verändert werden.

Tu as des amies sympa.
Du hast sympathische Freundinnen.

vieux, vieil, vieille
alt

le ~~vieux~~ homme

Vieux *(alt)* ist ein spezielles Adjektiv, da es die besondere Variante **vieil** hat. Diese Form müssen Sie verwenden, wenn ein männliches Substantiv im Singular folgt, das mit einem Vokal oder einem stummen **h** beginnt. Die unregelmäßige weibliche Form von **vieux** ist **vieille** im Singular und **vieilles** im Plural.

Le vieil homme a besoin d'aide.
Der alte Mann braucht Hilfe.

Im Plural gibt es jedoch nur eine männliche Form: **vieux**.

Il y a deux vieux arbres devant la maison.
Vor dem Haus stehen zwei alte Bäume.

Bon à savoir

Auch **beau** *(schön)* und **nouveau** *(neu)* haben eine Sonderform vor männlichen Substantiven im Singular, die mit Vokal oder stummem **h** beginnen. Für **beau** lautet die Form **bel**, für **nouveau** lautet sie **nouvel**.

Nous avons passé la nuit dans un bel hôtel.
Wir haben in einem schönen Hotel übernachtet.

Mes voisins cherchent un nouvel appartement.
Meine Nachbarn suchen eine neue Wohnung.

Attention Die weibliche Form von **beau** ist unregelmäßig und lautet im Singular **belle**. Die weibliche Pluralform ist **belles**.
Die unregelmäßige weibliche Form von **nouveau** lautet **nouvelle** im Singular und **nouvelles** im Plural.

heureux, heureuse
glücklich

Endet das Adjektiv im Singular auf -**s** oder -**x**, wird im Plural kein weiteres -s angehängt. Das Adjektiv bleibt im Plural unverändert, wie es zum Beispiel bei **heureux** *(glücklich)* der Fall ist.

Les enfants sont très heureux à Noël.
Die Kinder sind an Weihnachten sehr glücklich.

principal(e)
wichtigste(r,s)

princi~~pals~~

Die Pluralendung der meisten Adjektive mit der Endung -**al**, wie **principal** *(wichtigster)*, ist -**aux**.

Vous visitez les monuments principaux de la ville ?
Besichtigen Sie die wichtigsten Bauwerke der Stadt?

propre
sauber, eigen

Lucie : Christophe a sali son pantalon. Tu as un pantalon propre pour moi ?
Mathilde : Tu n'as pas pris ses propres vêtements ?
Lucie : Non, je les ai oubliés.
Mathilde : Regarde dans cette armoire. Tu y trouveras les vêtements propres de mon fils.

Wann wird das Adjektiv **propre** mit *sauber* und wann mit *eigen* übersetzt? Darüber entscheidet seine Stellung im Satz. Steht es vor dem Substantiv, bedeutet es *eigen*, steht es nach dem Substativ, dann heißt es *sauber.*

BLITZQUIZ
Vervollständigen Sie folgenden Satz mit dem passenden Wort.

Tu as déjà vu mes ____ chaussures ?
- ❍ **A** nouveaux
- ❍ **B** nouvelles

Bon à savoir

Es gibt eine Reihe von Adjektiven, die je nach Stellung ihre Bedeutung ändern!

un ancien élève *(ein ehemaliger Schüler)* –
une maison ancienne *(ein altes Haus)*

un certain âge *(ein gewisses Alter)* –
un succès certain *(ein sicherer Erfolg)*

un cher ami *(ein lieber Freund)* –
un collier cher *(eine teure Halskette)*

le dernier train *(der letzte Zug)* –
la semaine dernière *(die vorherige Woche)*

une drôle d'histoire *(eine seltsame Geschichte)* –
une histoire drôle *(eine lustige Geschichte)*

un grand homme *(ein großer (berühmter) Mann)* –
un homme grand *(ein (körperlich) großer Mann)*

un pauvre argument *(ein schwaches Argument)* –
une famille pauvre *(eine arme Familie)*

le prochain carrefour *(die nächste Kreuzung)* –
l'arrivée prochaine *(die baldige Ankunft)*

une sale histoire *(eine üble Geschichte)* –
une main sale *(eine schmutzige Hand)*

une seule personne *(eine einzige Person)* –
une personne seule *(eine einsame Person)*

la vraie méthode *(die richtige Methode)* –
une histoire vraie *(eine wahre Geschichte)*

Lösung Blitzquiz
B

petit(e)
klein

la table ~~petite~~

Meistens stehen die Adjektive im Französischen hinter dem Substantiv. Davon ausgenommen sind kurze bzw. häufig verwendete Adjektive wie zum Beispiel **petit(e)** *(klein)* und Zahlwörter.

Mets les trois verres sur la petite table !
Stell die drei Gläser auf den kleinen Tisch!

Bon à savoir

Folgende kurze Adjektive stehen meist vor dem Substantiv:

beau, belle *(schön),* **bon, bonne** *(gut)*
bref, brève *(kurz),* **grand(e)** *(groß)*
gros, grosse *(dick),* **faux, fausse** *(falsch)*
haut(e) *(hoch),* **jeune** *(jung),* **joli(e)** *(hübsch)*
long, longue *(lang),* **vieux, vieille** *(alt)*

Attention

Die folgenden Adjektive sind zwar nicht kurz, stehen aber trotzdem vor (!) dem Substantiv:

mauvais(e) *(schlecht)*
nouveau, nouvelle *(neu)*
premier, première *(erster, erstes, erste)*
deuxième *(zweiter, zweites, zweite)*

chanter juste/faux
richtig/falsch singen

chanter ~~justement/faussement~~

In der Wendung *richtig* bzw. *falsch singen* beschreiben die Adjektive **juste** bzw. **faux** das Verb **chanter** näher.

Arrête ! Tu chantes faux !
Hör auf! Du singst falsch!

Petit détail

Unveränderliche Adjektive werden auch bei diesen festen Wendungen verwendet:

sentir bon/mauvais *(gut/schlecht riechen)*
coûter cher *(teuer sein)*, **payer cher** *(teuer bezahlen)*
parler bas/fort *(laut/leise sprechen)*
travailler dur *(hart arbeiten)*

plus/aussi / moins [+ *Adjektiv*] que
mehr/gleich/ weniger [+ Adjektiv] als/wie

plus *[+ Adjektiv]* ~~de~~

Die Steigerung des Adjektivs wird im Regelfall mit **plus** *(mehr)*, **aussi** *(gleich)* und **moins** *(weniger)* gebildet. Das Bezugswort des Vergleichs wird mit **que** angeschlossen.

Elle est plus grande que son frère.
Sie ist größer als ihr Bruder.

pire, le/la pire
schlechter, der/die/das Schlechteste, am schlechtesten

~~plus mauvais~~

Das Adjektiv **mauvais(e)** *(schlecht)* wird unregelmäßig gesteigert. Die gesteigerte Form lautet **pire**.

Le temps est encore pire que l'année dernière.
Das Wetter ist noch schlechter als letztes Jahr.

Attention

Bon *(gut)* wird ebenfalls unregelmäßig gesteigert: **meilleur(e), le meilleur, la meilleure.**

C'est le meilleur fromage que je n'ai jamais mangé.
Das ist der beste Käse, den ich je gegessen habe.

QUIZ
Adjektive

Faisons le point ! Bei den französischen Adjektiven gibt es ein paar Ausnahmen und Unregelmäßigkeiten zu beachten. Doch wenn Sie gut aufgepasst haben, wird Ihnen folgendes Quiz keine Schwierigkeiten bereiten.

1.	C'est un ____ appartement.	❍ A beau	❍ B bel
2.	Tu as vu mes bottes ____ ?	❍ A marron	❍ B marrons
3.	On visite les jardins ____ demain ?	❍ A royaux	❍ B royal
4.	Il vend son ____ appartement.	❍ A vieux	❍ B vieil
5.	Elle est plus sportive ____ lui.	❍ A que	❍ B de
6.	Cette voiture coûte ____.	❍ A chèrement	❍ B cher
7.	J'adore la crème ____.	❍ A fraîche	❍ B fraise
8.	Pierre porte une chemise ____.	❍ A verte claire	❍ B vert clair
9.	Anicet a les yeux ____.	❍ A bleu-gris	❍ B bleu gris
10.	La Maison-____ se trouve à Washington.	❍ A Blanche	❍ B Blanc
11.	Ses livres sont ____.	❍ A supers	❍ B super
12.	Vive les ____ technologies.	❍ A nouveaux	❍ B nouvelles
13.	Ta sœur est tellement ____.	❍ A mignonne	❍ B mignone

Lösungen

1. B, 2. A, 3. A, 4. B, 5. A, 6. B, 7. A, 8. B, 9. A, 10. A, 11. B, 12. B, 13. A

GRAMMATIK

Adverbien

Bon à savoir

Was ist eigentlich der Unterschied zwischen einem Adjektiv und einem Adverb?
Ein Adjektiv beschreibt ein Substantiv näher. Man kann fragen, wie jemand oder etwas ist. Hier zum Beispiel: Wie ist der Walzer?

C'est une valse lente.
Das ist ein langsamer Walzer.

Das Adverb bezieht sich auf das Verb (oder den ganzen Satz) und beschreibt dieses näher. In diesem Fall kann man fragen, wie etwas gemacht wird. Hier: Wie geht sie die Treppe hinauf?

Elle monte lentement l'escalier.
Sie geht langsam die Treppe hinauf.

vraiment
wirklich

~~vraiement~~

Normalerweise wird das Adverb im Französischen von der weiblichen Form des Adjektivs abgeleitet. Endet das Adjektiv auf -**a**, -**e**, -**i**, -**o** oder -**u**, wird die Endung -**ment** jedoch an die männliche Form angehängt. Da das Adjektiv **vrai** *(wirklich)* auf -**i** endet, lautet die richtige Form des Adverbs **vraiment**.

C'était vraiment une belle fête.
Das war wirklich ein schönes Fest.

Bon à savoir

Dies trifft auch auf folgende Adverbien zu.

joliment *(hübsch, schön)*, **poliment** *(höflich)*, **absolument** *(unbedingt)*

constamment
ständig

~~**constantement**~~

Adjektive wie **constant** mit der Endung -**ant** bilden ihr Adverb auf -**amment**: **constamment**.

Ils parlent constamment de la création de nouveaux emplois.
Sie sprechen ständig davon, neue Arbeitsplätze zu schaffen.

évidemment
offensichtlich, natürlich

~~**évidentement**~~

Eine weitere Ausnahme sind die Adjektive auf -**ent**, wie zum Beispiel **évident** *(offensichtlich)*, deren adverbiale Form auf -**emment** gebildet wird: **évidemment**.
Achten Sie darauf, dass -**emment** wie -**amment** ausgesprochen, aber unterschiedlich geschrieben wird.

Cette proposition est évidemment inacceptable.
Dieser Vorschlag ist natürlich inakzeptabel.

Attention

Aufgepasst! Hier gibt es eine Ausnahme von der Ausnahme. Das Adjektiv **lent** endet zwar auf -**ent**, bildet sein Adverb aber regelmäßig: **lentement** *(langsam)*.

énormément
sehr

énorm~~ement~~

Eine Reihe von Adjektiven, die meistens auf -**e** enden, bilden ihre adverbiale Form mit der Endung -**ément**.

J'aime énormément cette chanson.
Ich liebe dieses Lied sehr.

Bon à savoir

Dies trifft unter anderem für folgende Adverbien zu:

confusément *(wirr)*, **commodément** *(bequem)*, **communément** *(gemeinhin)*, **conformément** *(wunschgemäß)*, **immensément** *(ungeheuer)*, **intensément** *(intensiv)*, **obscurément** *(undeutlich)*, **opportunément** *(im richtigen Augenblick)*, **précisément** *(genau)*, **pronfondément** *(tief)*, **uniformément** *(eintönig)*, **décidément** *(wirklich, entschieden)*

gentiment
nett

~~gentillement~~

Das Adverb des Adjektivs **gentil** *(nett)* wird unregelmäßig gebildet und lautet **gentiment**.

Je t'invite au restaurant mais seulement si tu me le demandes gentiment.
Ich lade dich ins Restaurant ein, aber nur, wenn du mich nett darum bittest.

mal
schlecht

pis
schlechter

~~mauvaisement~~

Das Adjektiv **mauvais(e)** *(schlecht)* hat als Adverb die Sonderform **mal**. Die gesteigerte Form des Adverbs lautet **plus mal** (oder literarisch **pis**) *(schlechter)*.

J'ai mal dormi.
Ich habe schlecht geschlafen.

Il va de plus en plus mal.
Es geht ihm immer schlechter.

Attention

Das Adverb **bien** *(gut)* wird ebenfalls unregelmäßig gesteigert: **mieux** *(besser)* und **le mieux** *(am besten)*.

Chloé danse le mieux.
Chloé tanzt am besten.

Attention

Folgendes Adverb wird ebenfalls unregelmäßig gebildet. Die weibliche Form von **bref** *(kurz)* lautet **brève**, das Adverb ist aber **brièvement** *(kurz)*.

beaucoup
viel

plus
mehr

le plus
am meisten

Einige Adverbien enden nicht auf -**ment**. Dazu gehört zum Beispiel **beaucoup** *(viel)*, dessen Steigerungsformen **plus** *(mehr)* und **le plus** *(am meisten)* lauten.

Notre équipe a beaucoup travaillé cette année.
Unser Team hat dieses Jahr viel gearbeitet.

Tu dois boire plus.
Du musst mehr trinken.

C'est son optimisme que j'admire le plus.
Seinen/Ihren Optimismus bewundere ich am meisten.

Attention

~~trop/très~~ beaucoup

Vor **beaucoup** kann kein anderes Adverb stehen. Möchte man ausdrücken, dass etwas *zu viel* ist, nimmt man nur **trop**.

Sandrine travaille trop.
Sandrine arbeitet zu viel.

BLITZQUIZ
Vervollständigen Sie folgenden Satz mit dem passenden Wort.

C'est ___ ce que je voulais dire.

- ❍ **A** précisement
- ❍ **B** précisément

rapidement
schnell

vite
schnell

Das Adjektiv **rapide** *(schnell)* hat zwei mögliche Formen für das Adverb. Man kann **rapidement** oder **vite** verwenden. **Vite** gebraucht man bei hoher Geschwindigkeit oder wenn etwas in kürzester Zeit bzw. hastig gemacht wird. In den anderen Fällen steht **rapidement**.

Il faut que nous agissions rapidement.
Wir müssen schnell handeln.

Ce sera vite fait !
Das wird schnell gehen.

Attention

le train ~~vite~~

Vite kann nicht als Adjektiv gebraucht werden. Man sagt hier: **le train rapide** *(der schnelle Zug)*.

Lösung Blitzquiz
B

QUIZ
Adverbien

Faisons le point ! Mit Adverbien können Sie Verben oder auch ganze Sätze näher beschreiben. Daher kommen sie im täglichen Sprachgebrauch recht häufig vor. Umso wichtiger daher, dass man die Adverbien ohne Fehler bilden und verwenden kann. Folgendes Quiz hilft Ihnen dabei, die unregelmäßigen Adverbien zu üben.

		A	B
1.	Tu peux me l'expliquer ____ ?	❍ A brièvement	❍ B brèvement
2.	Elle parle ____ l'anglais.	❍ A courantement	❍ B couramment
3.	J'ai besoin de respirer ____.	❍ A profondément	❍ B profondement
4.	Vous devez ____ visiter le musée !	❍ A absoluement	❍ B absolument
5.	Je vais le faire ____.	❍ A différemment	❍ B différentement
6.	Le film m'a plu ____.	❍ A énormément	❍ B énormement
7.	Devez-vous ____ partir demain ?	❍ A vraiement	❍ B vraiment
8.	Vous avez ____ compris.	❍ A mal	❍ B mauvaisement
9.	Il a beaucoup travaillé, mais son frère ____ encore.	❍ A plus	❍ B plus beaucoup
10.	Les enfants s'amusent ____.	❍ A gentillement	❍ B gentiment
11.	____, il n'a pas de chance.	❍ A Décidement	❍ B Décidément
12.	Vous parlez trop ____ !	❍ A vite	❍ B vitement

Lösungen

1. A, 2. B, 3. A, 4. B, 5. A, 6. A, 7. B, 8. A, 9. A, 10. B, 11. B, 12. A

GRAMMATIK

Artikel

l'hôpital (m.)
das Krankenhaus

l'habitude (f.)
die Gewohnheit

~~le~~ hôpital

Vor dem stummen **h (h muet)** werden die Artikel **le** und **la** zu l' apostrophiert, wie bei **l'hôpital** *(Krankenhaus)* und **l'habitude** *(Gewohnheit).*

L'hôpital se trouve au bout de la rue.
Das Krankenhaus befindet sich am Ende der Straße.

J'ai l'habitude de courir avant le petit-déjeuner.
Ich habe die Gewohnheit, vor dem Frühstück laufen zu gehen.

le hérisson
der Igel

la harpe
die Harfe

~~**l'hérisson**~~

Vor angehauchtem **h (h aspiré)** bleiben die Artikel **le** und **la** unverändert. Dies ist beispielsweise bei **le hérisson** *(der Igel)* oder **la harpe** *(die Harfe)* der Fall.

Le hérisson est un petit animal.
Der Igel ist ein kleines Tier.

La harpe est mon instrument à cordes préféré.
Die Harfe ist mein Lieblingssaiteninstrument.

Bon à savoir

Häufig verwendete Wörter, die mit einem **h aspiré** beginnen, sind zum Beispiel:

le haricot *(die Bohne)*, **la haine** *(der Hass)*
le hasard *(der Zufall)*, **la hâte** *(die Eile)*
le héros *(der Held)*, **le hockey** *(Hockey)*
la honte *(die Schande)*

le lundi
der Montag, montags

Steht vor einem Wochentag der bestimmte Artikel **le**, dann drückt diese Zeitangabe eine Wiederholung aus, hier **le lundi** für *jeden Montag* oder *montags*. Steht **lundi** ohne (!) Artikel, bedeutet es *am Montag*.
Dies gilt auch für Zeitangaben wie **le matin** *(morgens)* und **le soir** *(abends)*.

Le lundi, je fais un cours de méditation le soir.
Montag abends mache ich einen Meditationskurs.

Lundi, je suis allé au théâtre.
Ich bin am Montag ins Theater gegangen.

Attention

~~le prochain~~ mardi

Wollen Sie **prochain** *(nächster)* mit einem Wochentag kombinieren, so brauchen Sie keinen Artikel. **Prochain** steht nach dem Substantiv!

Nous partons mardi prochain.
Wir fahren nächsten Dienstag los.

au cinéma
ins/im Kino

aux États-Unis
in die/in den USA

~~à le~~ cinéma
~~à les~~ États-Unis

Mit der Präposition **à** verschmilzt le zu **au** und **les** zu **aux**.

Aux États-Unis, il est allé une fois au cinéma.
In den USA ist er einmal ins Kino gegangen.

BLITZQUIZ
Vervollständigen Sie folgenden Satz mit dem passenden Wort.

Cet été, nous allons ___ Portugal.

A au

B à le

Bon à savoir

Dieselbe Regel trifft auch für **de** zu. Trifft **de** auf **le** oder **les**, verschmelzen die beiden zu **du** bzw. **des.**

Zoé fait du judo.
Zoé macht Judo.

C'est une photo des parents de Lucien.
Das ist ein Foto von Luciens Eltern.

avoir les yeux bleus
blaue Augen haben

avoir ~~des~~ yeux bleus

Anders als im Deutschen steht **le**, **la**, **l'** oder **les** auch vor Körperteilen. Daher lautet die Wendung *blaue Augen haben* **avoir les yeux bleus.** Im Deutschen wird **les** nicht übersetzt.

Notre fille a les yeux bleus.
Unsere Tochter hat blaue Augen.

Bon à savoir

Diese Besonderheit gilt auch für Titel (außer in der Anrede) und Eigennamen.

Le docteur Chevalier parle avec les Lambert.
Doktor Chevalier spricht mit (den) Lamberts.

Attention

Nach **aimer** *(lieben)*, **adorer** *(sehr mögen)*, **détester** *(hassen)* und **préférer** *(lieber mögen)* steht immer **le**, **la**, **l'** oder **les.** Im Deutschen wird der Artikel nicht übersetzt!

Vous aimez les chiens ?
Mögen Sie Hunde?

Lösung Blitzquiz
A

beaucoup de
viel(e)

beaucoup ~~des~~

Hand aufs Herz! Diesen Fehler haben Sie wahrscheinlich auch schon einmal gemacht. Er ist einer der häufigsten Fehler im Französischen. Nach Mengenangaben wie **beaucoup** *(viel)* steht im Französischen **de** ohne Artikel.

J'ai mangé beaucoup de macarons.
Ich habe viele Macarons gegessen.

Bon à savoir

Weitere häufig verwendete Mengenangaben mit **de** sind:

un kilo *(ein Kilo)*, **un gramme** *(ein Gramm)*
un litre *(ein Liter)*, **une bouteille** *(eine Flasche)*
un verre *(ein Glas)*, **une tasse** *(eine Tasse)*
un paquet *(ein Paket)*, **une boîte** *(eine Dose)*
peu *(wenig)*, **assez** *(genug)*, **trop** *(zu viel)*

Attention

Auch nach Verneinungen, wie **ne... pas** *(nicht/kein(e))*, **ne... plus** *(nicht mehr)*, **ne... jamais** *(nie)*, steht **de** ohne Artikel. Sie drücken sozusagen die Menge „Null" aus.

Tu ne manges pas de chocolat ?
Isst du keine Schokolade?

acheter du lait
Milch kaufen

Eine Besonderheit des Französischen ist der Teilungsartikel. Er bezeichnet einen Teil eines unbestimmten Ganzen und steht folglich bei nicht zählbaren Dingen und unbestimmten Dingen, wie hier **lait** *(Milch)*. Im Deutschen wird er nicht übersetzt! Er besteht aus **de** und dem bestimmten Artikel **(le/la/l')**. Mit **le** verschmilzt er zu **du**.

Florence achète du lait, de la farine et de l'huile.
Florence kauft Milch, Mehl und Öl.

Bon à savoir

Bei Wendungen mit **avoir** *(haben)*, **faire** *(machen, tun)* und **jouer** *(spielen)* wird der Teilungsartikel auch mit abstrakten Begriffen und Aktivitäten gebraucht.

avoir de la chance *(Glück haben)*
avoir du courage *(Mut haben)*
faire du sport *(Sport machen)*
faire de l'athlétisme *(Leichtathletik machen)*
jouer de la guitare *(Gitarre spielen)*

Attention

Aufgepasst! Nach **avec** *(mit)* steht immer **du**, **de la**, **de l'** oder **des** vor dem Nomen, aber nicht nach **sans** *(ohne)*!

Elle boit son café avec du sucre mais sans lait.
Sie trinkt ihren Kaffee mit Zucker, aber ohne Milch.

avoir besoin de
brauchen

Nach **avoir besoin de** *(brauchen)*, wo **de** bereits enthalten ist, steht kein Teilungsartikel!

Nous avons besoin de farine.
Wir brauchen Mehl.

QUIZ
Artikel

Faisons le point ! Der Artikel ist nur ein kleines Wörtchen, aber trotzdem kann einem hier schnell mal ein Fehler unterlaufen. Wenn Sie jedoch obige Erklärungen und Hinweise verinnerlicht haben, dann werden Sie folgendes Quiz mühelos meistern.

		A	B
1.	Je bois mon thé sans ____.	❍ A sucre	❍ B du sucre
2.	Tu aimes ____ animaux ?	❍ A des	❍ B les
3.	Tu as ____ beurre ?	❍ A du	❍ B de
4.	Paul va ____ concert ce soir.	❍ A au	❍ B à le
5.	____ est long en Allemagne.	❍ A L'hiver	❍ B Le hiver
6.	Il rentre ____ Antilles.	❍ A de les	❍ B des
7.	Il n'y a plus ____ pain.	❍ A de	❍ B du
8.	Une glace avec ____ crème chantilly !	❍ A de	❍ B de la
9.	Je voudrais deux kilos ____ pommes.	❍ A de	❍ B des
10.	Il a vraiment ____ courage.	❍ A du	❍ B de
11.	Ils ont mangé trop ____ popcorn.	❍ A du	❍ B de
12.	Il me faut ____ chocolat.	❍ A de	❍ B du
13.	Tu as déjà fait ____ tennis ?	❍ A de	❍ B du

Lösungen

1. A, 2. B, 3. A, 4. A, 5. A, 6. B, 7. A, 8. B, 9. A, 10. A, 11. B, 12. B, 13. B

GRAMMATIK

Begleiter

son portable
sein/ihr Handy

sa clé
sein/ihr Schlüssel

~~sa~~ portable
~~son~~ clé

Possessivbegleiter, zum Beispiel **mon** *(mein)*, **ton** *(dein)*, **sa** oder **son** für *sein* und *ihr*, geben Besitzverhältnisse an. Im Unterschied zum Deutschen richten sich diese nicht nach der besitzenden Person, sondern nach dem Besitzgegenstand (hier: **le portable**). Man entscheidet sich je nach Geschlecht und Zahl des Besitzgegenstandes für den richtigen Begleiter, also hier: **son** (männlich, Singular), unabhängig davon ob die besitzende Person männlich oder weiblich ist. Ist der Begleitgegenstand weiblich und Singular wie **la clé**, verwendet man das Pronomen **sa**.

François cherche sa clé pendant qu'Emma cherche son portable.
François sucht seinen Schlüssel, während Emma ihr Handy sucht.

Attention

Beginnt das Substantiv mit einem Vokal oder einem stummen **h**, verwendet man die männlichen Formen **mon** *(mein)*, **ton** *(dein)* und **son** *(sein/ihr)*, auch wenn das Substantiv weiblich ist.

Ils ont déjà publié ton annonce ?
Haben sie deine Anzeige schon veröffentlicht?

ce
diese(r,s)

~~ce~~ arbre

Der Begleiter **ce** *(dieser)* richtet sich in Geschlecht und Zahl nach dem nachstehenden Substantiv. Die regelmäßigen Formen lauten **ce** (männlich, Singular), **cette** (weiblich, Singular) und **ces** für den Plural. Es gibt jedoch im Singular eine männliche Sonderform: Vor Vokal und stummem **h** wird aus **ce** die Form **cet**.

Mon grand-père a planté cet arbre.
Mein Großvater hat diesen Baum gepflanzt.

tout(e)
alle, jede(r, s), ganz

Tout(e) als Begleiter richtet sich in Zahl und Geschlecht nach seinem Bezugswort. Meistens steht nach **tout** noch ein zweiter Begleiter.
Bei den Pluralformen **tous** (männlich) und **toutes** (weiblich) wird das **s** am Ende nicht gesprochen.

J'ai visité tous les musées à Marseille.
Ich habe alle Museen in Marseille besichtigt.

Bon à savoir

Das Wörtchen **tout** kann auch ein Adjektiv näher beschreiben. Es nimmt in diesem Fall die Bedeutung *sehr* oder *ganz* an und passt sich vor weiblichen Adjektiven, die mit Konsonant oder aspiriertem **h** beginnen, dem Bezugswort an. Vor Vokalen ist es unveränderlich.

J'ai acheté une robe toute blanche et une jupe tout orange.
Ich habe ein ganz weißes Kleid und einen ganz orangefarbenen Rock gekauft.

Attention

Tout kann auch ein Substantiv ersetzen und bedeutet dann *alles* oder *alle.* Im Singular gibt es nur die unveränderliche Form **tout**.

C'est tout ?
Ist das alles?

Im Plural gibt es die Formen **tous** und **toutes**, je nachdem ob ein männliches oder weibliches Substantiv ersetzt wird. Bei **tous** wird in dieser Funktion das **s** am Ende gesprochen.

Mes collègues sont arrivés. Ils sont tous là.
Meine Kollegen sind angekommen. Sie sind alle da.

QUIZ

Begleiter

Faisons le point ! Bei den Begleitern gibt es nicht viele Fehlerquellen, aber bei ein paar wenigen Fällen müssen Sie gut aufpassen. Wenn Sie folgendes Quiz erfolgreich meistern, dann sind Sie, was das Thema Begleiter angeht, auf der sicheren Seite.

1. Tu connais ____ acteur ? — ❍ A ce — ❍ B cet
2. Sandrine ne trouve pas ____ dictionnaire. — ❍ A son — ❍ B sa
3. Vous avez invité ____ la famille ? — ❍ A tout — ❍ B toute
4. Je n'ai encore jamais vu ____ oiseau. — ❍ A cet — ❍ B ce
5. Ils se lèvent à 7 heures ____ les matins. — ❍ A tous — ❍ B tout
6. Il a entraîné ____ équipe pendant trois ans. — ❍ A cet — ❍ B cette
7. La maison est ____ rouge. — ❍ A toute — ❍ B tout
8. Ma grand-mère est encore ____ active. — ❍ A toute — ❍ B tout
9. Tu as ____ acheté pour faire le gâteau ? — ❍ A tous — ❍ B tout
10. Caroline fait une surprise à ____ amie. — ❍ A son — ❍ B sa

Lösungen

1. B, 2. A, 3. B, 4. A, 5. A, 6. B, 7. A, 8. B, 9. B, 10. A

GRAMMATIK

Präpositionen

au-dessus de
oberhalb von

au-dessous de
unterhalb von

Bei diesem Beispiel reicht schon ein Buchstabe, um die Ortsangabe in ihr Gegenteil zu verkehren. **Au-dessus de** bedeutet *oberhalb von*, mit einem **o** mehr heißt **au-dessous de** das Gegenteil, nämlich *unterhalb von*.

Il neige au-dessus de 1000 mètres.
Es schneit oberhalb von 1000 Metern.

Le village se trouve au-dessous de la montagne.
Das Dorf befindet sich unterhalb des Berges.

derrière
hinter

après
nach, hinter

Die Ortsangabe **derrière** bezeichnet die Position *hinter* etwas. **Après** drückt eine Reihenfolge aus *(hinter)* und ist auch eine zeitliche Angabe *(nach)*.

L'enfant se cache derrière la porte.
Das Kind versteckt sich hinter der Tür.

L'adjectif « intéressant » se place après le nom.
Das Adjektiv „intéressant" steht hinter dem Nomen.

Ils sont rentrés après minuit.
Sie sind nach Mitternacht zurückgekommen.

en face de
gegenüber

face à
angesichts

Bei **en face de** *(gegenüber)* handelt es sich um eine konkrete Ortsangabe. **Face à** *(angesichts)* gibt einen Umstand an.

La piscine se trouve en face de l'hôtel.
Das Schwimmbad befindet sich gegenüber dem Hotel.

Face à la crise, il faut trouver une solution !
Angesichts der Krise muss eine Lösung gefunden werden!

en France
in/nach Frankreich

de France
aus Frankreich

Bei weiblichen Ländernamen und Regionen verwendet man **en**, wenn man nach „Wo?“ und „Wohin?“ fragt. Auf die Frage „Woher?“ folgt bei weiblichen Ländernamen **de** oder **d'** vor Vokal und stummem **h**.

Ma famille passe l'été en France.
Meine Familie verbringt den Sommer in Frankreich.

Nous allons en France la semaine prochaine.
Wir fahren nächste Woche nach Frankreich.

Ce fromage vient de France.
Dieser Käse kommt aus Frankreich.

Attention

Bei männlichen Ländernamen steht **au** nach den Fragen „Wo?“ und „Wohin?“. Die Frage „Woher?“ wird in diesem Fall mit **du** beantwortet.

Paulo vient du Portugal mais il vit au Danemark maintenant.
Paulo kommt aus Portugal, aber er lebt jetzt in Dänemark.

Bei Ländernamen im Plural gebraucht man **aux** bzw. **des**.

Leur mère vient des Antilles mais elle habite aux États-Unis depuis deux ans.
Ihre Mutter kommt von den Antillen, aber sie lebt seit zwei Jahren in den USA.

BLITZQUIZ

Vervollständigen Sie folgenden Satz mit dem passenden Wort.

Tu es déjà allé ___ Brésil ?

- **A** en
- **B** au

à
in, nach, an, um

Auf das Wörtchen **à** (mit Akzent!) trifft man im Französischen häufig. Es kann verschiedene Bedeutungen annehmen.
Mit **à** kann eine Ortsangabe gemacht werden. Dabei bezeichnet **à** sowohl einen Ort als auch eine Richtung.

Il est à Dijon, mais demain il va à Beaune.
Er ist in Dijon, aber morgen fährt er nach Beaune.

Als Zeitangabe wird **à** unterschiedlich übersetzt, zum Beispiel mit *um*, wenn es um eine Uhrzeit geht.

À 10 ans, je dormais déjà à 20 heures.
Mit zehn Jahren schlief ich um 20 Uhr schon.

Mithilfe von **à** können Sie Angaben zu Zahlen, Entfernungen und Preisen machen.

On a acheté des pommes à 2 euros le kilo.
Wir haben Äpfel für 2 Euro das Kilo gekauft.

Le musée se trouve à 200 mètres d'ici.
Das Museum befindet sich 200 Meter von hier.

Verben schließen oftmals ihre Ergänzungen mit **à** an.

Je pense à toi.
Ich denke an dich.

Mit **à** wird auch ein Gegenstand oder eine Person näher bestimmt.

La machine à laver est en panne.
Die Waschmaschine ist kaputt.

À kann außerdem einen Besitz anzeigen.

C'est à moi.
Das gehört mir.

Lösung Blitzquiz
B

de
von, aus, vor

De wird im Französischen sehr oft verwendet und hat eine Reihe an Funktionen. Es steht nach Mengenangaben und Verneinungen.

François a acheté un kilo de tomates mais il n'a pas pris de poires.
François hat ein Kilo Tomaten gekauft, aber er hat keine Birnen mitgenommen.

De bestimmt Personen und Gegenstände näher.

Monsieur Bonnay est mon professeur de français.
Herr Bonnay ist mein Französischlehrer.

Mit **de** kann auch der Besitz angezeigt werden. Im Deutschen steht in diesem Fall der Genitiv (Frage: „Wessen?").

C'est la voiture de ma femme.
Das ist das Auto meiner Frau.

Außerdem kann **de** als Ortsangabe verwendet werden.

Je viens de Londres.
Ich komme aus London.

Man kann mit **de** auch eine zeitliche Angabe machen.

Le supermarché est ouvert de 7 à 20 heures.
Der Supermarkt ist von 7 bis 20 Uhr geöffnet.

De drückt ferner einen Grund aus.

Elle pleure de joie.
Sie weint vor Freude.

Viele Verben schließen ihre Ergänzung mit **de** an.

Tu ne parles jamais de ton frère.
Du sprichst nie von deinem Bruder.

en
in, nach, aus, mit

Das Wörtchen **en** hat verschiedene Funktionen im Satz. Es kann eine Ortsangabe sein. Dabei bezeichnet **en** sowohl einen Ort als auch eine Richtung.

J'ai passé une semaine en Provence et maintenant, je vais en Alsace.
Ich habe eine Woche in der Provence verbracht und jetzt fahre ich ins Elsass.

En ist außerdem eine Zeitangabe und wird unter anderem mit Jahreszahlen, Monaten und Jahreszeiten verwendet.

Elle est née en 2014, en mai, je crois.
Sie ist 2014 geboren, im Mai glaube ich.

Man kann mit **en** auch eine Angabe zur Beschaffenheit bzw. zum Material machen.

Le bracelet est en or.
Das Armband ist aus Gold.

Es steht auch zusammen mit Transportmitteln.

Vous préférez voyager en train ou en avion ?
Reisen Sie lieber mit dem Zug oder mit dem Flugzeug?

Attention

Bei den Jahreszeiten heißt es **en été** *(im Sommer)*, **en automne** *(im Herbst)*, **en hiver** *(im Winter)*, aber **au printemps** *(im Frühling)*, da **printemps** als einziges mit einem Konsonanten beginnt.

Faisons le point ! Klein, aber oho! Präpositionen sind meistens „kleine“ Wörter, die aber oftmals Probleme bereiten. Wenn Sie aber ein paar Regeln und Ausnahmen beachten, werden Sie schnell ein Präpositionen-Profi!

1.	La boulangerie se trouve ____ supermarché.	○ A en face du	○ B face au
2.	On va passer nos vacances ____ Espagne.	○ A au	○ B en
3.	Je l’ai trouvé ____ l’armoire.	○ A derrière	○ B après
4.	Quand est-ce que tu reviens ____ Danemark ?	○ A de	○ B du
5.	Mon oncle habite ____ États-Unis.	○ A aux	○ B en
6.	Il a offert une bague ____ argent à sa copine.	○ A à	○ B en
7.	Faut-il mettre une virgule ____ le numéro de la rue ?	○ A après	○ B derrière
8.	Notre voisine vient ____ Grèce.	○ A de	○ B de la
9.	La nature renaît ____ printemps.	○ A en	○ B au
10.	Il est né ____ 1951.	○ A à	○ B en
11.	Qu’est-ce que vous allez faire ____ cette catastrophe naturelle ?	○ A face à	○ B en face de
12.	Si vous avez des questions, adressez-vous ____ moi.	○ A de	○ B à

13. Respectez l'interdiction ____ fumer !	❍ A de	❍ B à
14. Nous allons aller à Paris ____ bus.	❍ A en	❍ B à
15. Ils ont passé trois semaines ____ Provence.	❍ A en	❍ B à
16. Vous êtes allés ____ Perpignan ?	❍ A à	❍ B en
17. Il passera le bac ____ 18 ans.	❍ A avec	❍ B à
18. Mon frère l'a vu ____ la télévision.	❍ A à	❍ B dans
19. Elle a arrêté ____ travailler à 65 ans.	❍ A de	❍ B à
20. Qui est déjà allé ____ Corse ?	❍ A à la	❍ B en
21. Il a des poches ____ de ses yeux.	❍ A au-dessous	❍ B au-dessus
22. Elle habite ____ Luxembourg.	❍ A en	❍ B au
23. J'aime faire du ski ____ hiver.	❍ A en	❍ B au

Lösungen

1. A, 2. B, 3. A, 4. B, 5. A, 6. B, 7. A, 8. A, 9. B, 10. B, 11. A, 12. B, 13. A, 14. A, 15. A, 16. A, 17. B, 18. A, 19. A, 20. B, 21. A, 22. B, 23. A

GRAMMATIK

Pronomen

qui
der, die, das

J'ai une sœur ~~que~~ s'appelle Nadine.

Qui ist ein Pronomen, mit dem man zwei Sätze verbinden kann: einen Hauptsatz und einen Nebensatz. **Qui** ist das Subjekt des Nebensatzes und antwortet auf die Frage „Wer?" oder „Was?". Es ist unveränderlich und kann für Personen und Sachen im Singular und Plural stehen.

J'ai une sœur qui s'appelle Nadine.
Ich habe eine Schwester, die Nadine heißt.

Attention

In Verbindung mit einer Präposition, wie **sur**, **pour**, **à**, kann **qui** auch ein Objekt sein. Das Bezugswort muss dabei aber eine Person sein.

C'est une amie sur qui je peux toujours compter.
Das ist eine Freundin, auf die ich immer zählen kann.

que/qu'
den, die, das

L'homme ~~qui~~ j'ai vu au cinéma.

Im Nebensatz hat **que** die Funktion eines (direkten) Objektes. Es antwortet auf die Frage „Wen?" oder „Was?". Vor Vokal und stummem **h** wird **que** zu **qu'**.

L'homme que j'ai vu au cinéma s'appelle Paul.
Der Mann, den ich im Kino gesehen habe, heißt Paul.

BLITZQUIZ
Vervollständigen Sie folgenden Satz mit dem passenden Wort.

Je suis tombé amoureux de la femme ____ m'a envoyé un e-mail.

- ❍ **A** qui
- ❍ **B** que

dont
dessen, deren

Dont ersetzt eine Ergänzung mit **de**. Es bedeutet so viel wie *dessen* oder *deren*. **Dont** steht direkt nach seinem Bezugswort.

Il cherche un appartement dont le loyer est abordable.
Er sucht eine Wohnung, deren Miete erschwinglich ist.

où
wo, in dem/der/denen

Das Wort **où** kennen Sie wahrscheinlich als das Fragewort „Wo?“ bzw. „Wohin?“. Es kann aber auch ein Pronomen sein, indem es zwei Sätze verbindet. In dieser Funktion vertritt es eine Ortsangabe.

La ville où j'ai vécu trois ans s'appelle Lille.
Die Stadt, in der ich drei Jahre gelebt habe, heißt Lille.

ce qui
was

ce que/qu'
was

ce dont
was

Die Ausdrücke **ce qui, ce que/qu'** und **ce dont** können im Deutschen alle mit *was* übersetzt werden. Doch wann braucht man was?
Das Pronomen **ce qui** ist im Nebensatz das Subjekt.

Je ne sais pas ce qui est arrivé hier.
Ich weiß nicht, was gestern passiert ist.

Ce que/qu' ist im Nebensatz ein Objekt.

Tu fais ce que tu veux.
Du machst, was du willst.

Ce dont ersetzt im Nebensatz eine Ergänzung mit **de**.

Marcel m'a confirmé ce dont je me doutais.
Marcel hat mir bestätigt, was ich vermutete.

Lösung Blitzquiz
A

Attention

Je ne sais pas ~~ce que~~ te plaît.

Denken Sie daran, wenn im Nebensatz beispielweise **me**, **te**, **se**, **nous**, **vous** und **se** schon stehen, dann brauchen Sie **ce qui**, um Haupt- und Nebensatz zu verbinden!

Je ne sais pas ce qui te plaît.
Ich weiß nicht, was dir gefällt.

lequel, laquelle
welche(r,s)

Lequel *(welcher)* steht nur in Verbindung mit Präpositionen (**à**, **de**, **avec**, **sur**, **pour** etc.). Es wird verwendet, wenn das Bezugswort eine Sache ist. **Lequel** gleicht sich in Geschlecht und Zahl an das Bezugswort an. Daher gibt es vier Formen: **lequel**, **laquelle**, **lesquels** und **lesquelles**.
Zusammen mit **à** wird es zu **auquel**, **à laquelle**, **auxquels** und **auxquelles**.

Le livre auquel je fais allusion est un best-seller.
Das Buch, auf das ich anspiele, ist ein Bestseller.

Treffen **lequel**, **laquelle** etc. auf **de**, lauten die Formen **duquel**, **de laquelle**, **desquel** und **desquelles**.

Le restaurant à côté duquel on habite est formidable.
Das Restaurant, neben dem wir wohnen, ist toll.

Bon à savoir

Duquel, **de laquelle** etc. verwendet man aber nur bei mehrteiligen Präpositionen wie **à côté de** *(neben)*, **près de** *(nahe von)* oder **en face de** *(gegenüber)*. Bei einfachen Ergänzungen mit **de** gebraucht man **dont**.

Le livre dont j'ai parlé hier se passe en Espagne.
Das Buch, von dem ich gestern gesprochen habe, spielt in Spanien.

Attention

Wenn das Bezugswort eine Person ist, verwendet man nach einer Präposition (**à, de, avec, sur, pour** etc.) **qui**.

Je te présente Lili avec qui j'ai fait le stage.
Ich stelle dir Lili vor, mit der ich das Praktikum gemacht habe.

Ausnahmen sind **entre** *(zwischen)* und **parmi** *(unter)*, nach denen auch bei Personen **lequel**, **laquelle** etc. steht.

Les deux personnes entre lesquelles j'étais assis étaient très sympathiques.
Die zwei Personen, zwischen denen ich saß, waren sehr sympathisch.

le
ihn

la
sie

les
sie (Plural)

Je ~~lui~~ connais.

Während man sich bei **me**, **te**, **nous**, **vous** nicht zu viel Gedanken machen muss, stellt man sich oft die Fragen: **Le** oder **la**? **Le** oder **lui**? **Les** oder **leur**? Denn die Objektpronomen unterscheiden sich nur in der 3. Person Singular und Plural. Die deutsche Übersetzung liefert leider keine Antwort. Man muss sich das Verb des Satzes anschauen.
Wird das Objekt direkt an das Verb angeschlossen, sprich ohne **de** oder **à**, braucht man **le**, **la** oder **les**.

Vous connaissez mon mari ? – Oui, je le connais.
Kennen Sie meinen Mann? – Ja, ich kenne ihn.

Attention

Vor Vokal oder stummen **h** werden **le** und **la** zu **l'** apostrophiert.

Je vais l'inviter demain soir.
Ich werde sie/ihn morgen Abend einladen.

lui
ihm/ihr

leur
ihnen

Je ~~le~~ téléphone.

Wird das Objekt mit **à** oder **de** nach dem Verb angeschlossen, wird es in der 3. Person durch **lui** (Singular) oder **leur** (Plural) ersetzt. **Lui** und **leur** stehen für weibliche und männliche Objekte.

Tu téléphones à ton copain / ta copine ? – Oui, je lui téléphone.
Rufst du deinen Freund / deine Freundin an? – Ja, ich rufe ihn/sie an.

Attention

Objektpronomen (**me, te** etc.) stehen immer vor dem konjugierten Verb.

Charles me donne le livre.
Charles gibt mir das Buch.

Bei Zeiten wie **passé composé** oder **futur composé**, die sich aus zwei Teilen zusammensetzen, stehen die Pronomen vor dem konjugierten Hilfsverb.

Nous t'avons vu.
Wir haben dich gesehen.

Bei Verben mit Infinitiv, wie zum Beispiel **pouvoir** *(können)*, **vouloir** *(wollen)*, **devoir** *(müssen)*, stehen die Pronomen vor dem Infinitiv.

Elle doit le faire.
Sie muss es machen.

Bei der Verneinung werden die Pronomen und das konjugierte Verb beide von der Verneinungsklammer umschlossen.

Ils ne nous trouvent pas.
Sie finden uns nicht.

Bon à savoir

Sabine ~~le me~~ rend.

Kommen in einem Satz mehrere Pronomen vor, stehen **me, te, se, nous, vous** vor **le, la** und **les. Le, la** und **les** stehen wiederum vor **lui** und **leur.**

Sabine me le rend.
Sabine gibt es mir zurück.

Je ne les leur montre pas.
Ich zeige sie ihnen nicht.

Bon à savoir

Im Imperativ werden die Pronomen mit Bindestrich angehängt. Aus **me** und **te** wird dabei **moi** und **toi.**

Appelle-moi !
Ruf mich an!

Beim verneinten Imperativ stehen die Pronomen hingegen zwischen **ne** und dem Verb.

Ne m'appelle pas !
Ruf mich nicht an!

en
davon, darüber, von dort

Léa : Tu es déjà revenu du marché ?
Gabriel : J'en **(1)** reviens à l'instant !
Léa : Tu as acheté du fromage ?
Gabriel : Oui, j'en **(2)** ai acheté. Et même des pommes. J'en **(3)** ai pris un kilo. Mais j'ai oublié d'acheter les fraises par contre.
Léa : Bon, tu t'en **(4)** souviendras la prochaine fois ?
Gabriel : Bien sûr… Tu m'en **(5)** veux ?
Léa : Mais non… si tu te souviens au moins de moi **(6)** !

Das Wörtchen **en** ersetzt Ergänzungen mit **de**.

Das können Ortsangaben (1) wie bei **revenir de** *(zurückkommen von)* oder (bestimmte und unbestimmte) Mengenangaben (2) sein.
Wird zusätzlich zu **en** eine genaue Mengenangabe (3) (hier: **un kilo**) gemacht, steht diese am Satzende.
En ersetzt auch Ergänzungen mit **de** nach Adjektiven oder Verben (4), wie **se souvenir de quelque chose** *(sich an etwas erinnern)*. Bei Personen verwendet man in diesem Fall nicht **en**, sondern **de** mit dem betonten Personalpronomen (6) (**moi, toi** etc.)
Außerdem kommt **en** in festen Wendungen wie **en vouloir à quelqu'un** (5) *(jemandem böse sein)* oder **s'en aller** *(weggehen)* vor.

y
dort, dorthin, daran

Das Wörtchen **y** steht für Ergänzungen mit **à** oder anderen Präpositionen wie **dans**, **en**, **sur**. Dies können Ortsangaben sein.

Je vais bientôt à Tours. J'y vais en train.
Ich fahre bald nach Tours. Ich fahre mit dem Zug dorthin.

Außerdem ersetzt **y** Ergänzungen mit **à** nach Adjektiven oder Verben, wie **penser à** *(denken an)* oder **réfléchir à** *(nachdenken über)*.

Tu penses souvent à ton enfance ? – Oui, j'y pense très souvent.
Denkst du oft an deine Kindheit? – Ja, ich denke sehr oft daran.

Y steht auch in folgenden festen Wendungen:
il y a *(es gibt)*
On y va ? *(Gehen wir?)*
Allons-y ! *(Gehen wir!)*

Attention

Y kann nicht für Personen stehen. Die Person wird durch **moi, toi, lui, elle, nous, vous, eux, elles** ersetzt.

Claire pense souvent à son père. Elle pense à lui tous les jours.
Claire denkt oft an ihren Vater. Sie denkt jeden Tag an ihn.

Bon à savoir

Für y und **en** gelten die gleichen Stellungsregeln wie für die Objektpronomen. **Lui** und **leur** stehen vor y und **en**.

Je lui en suis très reconnaissant.
Ich bin ihr/ihm dafür sehr dankbar.

Bei der bejahten Imperativform wird jedoch bei Verben auf -**er** und bei **aller** *(gehen)* ein -**s** bei der 3. Person Singular angefügt.

Manges-en !
Iss davon!

Vas-y !
Los!

Das Pronomen y steht vor **en**.

Il y en a encore ?
Gibt es noch etwas davon?

toi
du

Lennard : J'aime le jazz. Et tu ?
Inès : Toi !
Lennard : Tu m'aimes ?
Inès : Mais non, il faut dire « Et toi ? » !

Betonte Personalpronomen verwenden Sie in Sätzen ohne Verb, nach einer Präposition und zur Hervorhebung. Sie lauten: **moi, toi, lui, elle, nous, vous** und **eux, elles.**

votre
euer, eure; Ihr(e)

vôtre
eure(r,s); Ihre(r,s)

C'est le ~~votre~~ ?

Verwechseln Sie nicht **votre** und **vôtre**.
Nach **votre** steht immer ein Substantiv, da **votre** ein Begleiter ist. **Vôtre** ist ein Pronomen und ersetzt ein Nomen. Daher steht es ohne Substantiv.

Nous avons retrouvé votre chien. C'est bien le vôtre ?
Wir haben euren/Ihren Hund wiedergefunden. Es ist doch eurer/Ihrer?

celui, celle, ceux, celles
der/die/das, diese(r,s) [hier]

Celui und die weiteren Formen können nicht alleinstehen. Sie brauchen entweder eine Ergänzung mit einer Präposition wie **de**, einen Relativsatz mit **que** bzw. **qui** oder die Stützwörter -**ci** und -**là**.

Tu veux manger quel gâteau ? Celui de ta mère, celui que j'ai acheté hier ou celui-ci ?
Welchen Kuchen willst du essen? Den deiner Mutter, den, den ich gestern gekauft habe, oder diesen hier?

chacun(e)
jede(r,s)

chaque
jede(r,s)

Verwechseln Sie nicht **chacun**(**e**) mit **chaque**!

Chacun ist ein Pronomen und steht daher allein.
Chaque hingegen ist ein Begleiter und braucht ein nachstehendes Substantiv. Es ist unveränderlich!

Chacune doit s'inscrire sur la liste.
Jede muss sich in die Liste einschreiben.

Chaque participante doit s'inscrire dans la liste.
Jede Teilnehmerin muss sich in die Liste einschreiben.

BLITZQUIZ
Vervollständigen Sie folgenden Satz mit dem passenden Wort.

Le contrôleur a contrôlé ___ de nous.

- ❍ **A** chacun
- ❍ **B** chaque

aucun(e)
keine(r,s)

~~Aucun me~~ plaît.

Aufgepasst! **Aucun(e)** wird immer mit dem Verneinungselement **ne** verwendet. Es kann allein oder zusammen mit einem Substantiv stehen.

Aucun sport ne te plaît ? – Non, aucun ne me plaît.
Kein Sport gefällt dir? – Nein, keiner gefällt mir.

personne
niemand

rien
nichts

Personne *(niemand)* und **rien** *(nichts)* brauchen immer das Verneinungselement **ne**, aber kein **pas**!

Nous n'entendons rien et ne voyons personne.
Wir hören nichts und sehen niemanden.

Petit détail

Im Gegensatz zum Deutschen steht bei zusammengesetzten Zeiten oder Sätzen mit Infinitivanschluss **personne** nach dem Partizip oder nach dem Infinitiv. Dies gilt nicht für **rien**!

Nous n'avons rien vu et entendu personne.
Wir haben nichts gehört und niemanden gesehen.

quelques-uns, quelques-unes
einige

Die Pronomen **quelques-uns** und **quelques-unes** für *einige* stehen immer im Plural. Sie passen sich dem Substantiv an, das sie ersetzen.

Tu connais des poésies ? – Oui, quelques-unes.
Kennst du Gedichte? – Ja, einige.

Petit détail

Quelqu'un bedeutet *jemand* und ist unveränderlich.

Quelqu'un a appelé mais je ne connais pas le numéro.
Jemand hat angerufen, aber ich kenne die Nummer nicht.

Lösung Blitzquiz
A

QUIZ
Pronomen

Faisons le point ! Es gibt eine große Vielzahl an Pronomen. Da ist es manchmal nicht einfach, den Überblick zu behalten. Wenn Sie sich aber einige Hinweise und Ausnahmen gut einprägen, werden Sie folgendes Quiz problemlos lösen können.

		A	B
1.	Clément ____ donne le dossier.	❍ A le	❍ B lui
2.	____ doit payer 10 euros.	❍ A Chacun	❍ B Chaque
3.	Tu as déjà rencontré l'amie ____ elle parle si souvent ?	❍ A de laquelle	❍ B dont
4.	C'est le collègue ____ on a vendu notre voiture.	❍ A à qui	❍ B auquel
5.	Il n'a pas encore appelé ____ m'étonne beaucoup.	❍ A ce qui	❍ B ce que
6.	Paris t'a plu ? Tu vas ____ retourner ?	❍ A y	❍ B en
7.	Je ne trouve plus le document ____ va me servir pour la présentation.	❍ A qui	❍ B que
8.	Pourquoi est-ce que tu t'____ vas ?	❍ A y	❍ B en
9.	L'entreprise pour ____ je travaille s'appelle Primus.	❍ A laquelle	❍ B qui
10.	On ____ a attendus pendant une heure.	❍ A les	❍ B leur
11.	Elle n'____ pense jamais.	❍ A en	❍ B y
12.	Cette maison, c'est la ____ ?	❍ A votre	❍ B vôtre

13. Il n'aime pas le cadeau ____ je lui ai offert.	❍ A que	❍ B qui
14. Ils ____ surprendre.	❍ A le veulent	❍ B veulent le
15. Attendez-____ ici !	❍ A me	❍ B moi
16. Je ____ ai envoyée.	❍ A la lui	❍ B lui la
17. ____ m'a répondu.	❍ A Aucun ne	❍ B Aucun
18. De la levure ? Pierre ____ a acheté deux paquets.	❍ A y	❍ B en
19. Tu te rappelles le café ____ on s'est vu pour la première fois ?	❍ A où	❍ B qu'
20. Je ne comprends pas sa réaction. Tu t'____ attendais ?	❍ A y	❍ B en
21. Tu peux me dire ____ nous allons faire demain ?	❍ A ce qui	❍ B ce que
22. Nous ____ pas oublié.	❍ A ne t'avons	❍ B te n'avons
23. On cherche des vieilles revues. Tu en as trouvé ____ ?	❍ A quelques-uns	❍ B quelques-unes
24. Si tu veux aller à la fête, et bien, ____-y !	❍ A vas	❍ B va

Lösungen

1. B, 2. A, 3. B, 4. A, 5. A, 6. A, 7. A, 8. B, 9. A, 10. A, 11. B, 12. B, 13. A, 14. B, 15. B, 16. A, 17. A, 18. B, 19. A, 20. A, 21. B, 22. A, 23. B, 24. A

GRAMMATIK

Substantive

les pays
die Länder

les pays~~es~~

Im Französischen wird normalerweise der Plural gebildet, indem man ein -**s** an das Ende des Substantivs anhängt. Endet jedoch das Wort im Singular, wie bei **le pays** *(das Land)*, bereits auf -**s**, bleibt der Plural unverändert.

Tu connais tous les pays de l'Union européenne ?
Kennst du alle Länder der Europäischen Union?

Bon à savoir

Dies gilt auch für Substantive, die auf -**z** oder auf -**x** enden, zum Beispiel bei **quiz** *(Quiz)* und **prix** *(Preis)*. Auch hier wird kein Plural-s angehängt.

Les quiz ne sont pas trop difficiles.
Die Quiz sind nicht zu schwer.

Les prix des terrains ont augmenté l'année dernière.
Die Grundstückspreise sind letztes Jahr gestiegen.

les cadeaux
die Geschenke

~~les cadeaus~~

Wenn Sie jemand mit mehreren Geschenken eine Freude machen wollen, dann hängen Sie in diesem Fall kein Plural-**s** an, sondern ein -**x** am Ende des Wortes: **les cadeaux**. Diese Regel gilt für alle Substantive, die auf -**eau** enden.

Vous avez déjà acheté les cadeaux pour Noël ?
Habt ihr schon die Geschenke für Weihnachten gekauft?

Bon à savoir

Substantive auf -**ou**, wie **genou** *(Knie)*, und -**eu**, wie **cheveu** *(Haar)*, bilden ihren Plural ebenfalls auf -**x**.

Mes genoux font mal.
Meine Knie tun weh.

Amélie a les cheveux noirs.
Amélie hat schwarze Haare.

Attention

Ausnahmen von dieser Regel sind **pneu** *(Reifen)*, **trou** *(Loch)* und **clou** *(Nagel)*, die ihren Plural auf -**s** bilden:

les pneus, les trous und **les clous.**

les travaux
die Arbeiten

les journaux
die Zeitungen

les travail~~s~~
les journ~~als~~

Achten Sie bei Substantiven mit der Endung -**ail**, wie bei **travail** *(Arbeit)*, und -**al** wie **journal** *(Zeitung)* darauf, dass der Plural auf -**aux** gebildet wird.

Le musée est fermé pour des travaux de rénovation.
Das Museum ist wegen Renovierungsarbeiten geschlossen.

Vous vendez des journaux allemands ?
Verkaufen Sie deutsche Zeitungen?

Attention

Für die Wörter **détail** *(Detail)* und **festival** *(Festival)* trifft diese Regel nicht zu. Sie bilden beide den Plural auf -**s**: **les détails** und **les festivals.**

les yeux
die Augen

les œils

Augen auf bei dieser Pluralform! Das Wort **l'œil** *(das Auge)* hat eine Sonderform im Plural, die **les yeux** lautet.

Fermez les yeux et respirez profondément.
Schließen Sie die Augen und atmen Sie tief ein.

Bon à savoir

Ebenfalls unregelmäßig sind die Pluralformen von **madame** und **monsieur**. Aus **madame** wird im Plural **mesdames** *(meine Damen)* und aus **monsieur** wird **messieurs** *(meine Herren).*

les BD
die Comics

Abkürzungen, wie **BD** (für **bande dessinée**, *Comic*), bleiben im Plural unverändert.

Philipp adore les BD françaises.
Philipp liebt französische Comics.

les noces
die Hochzeit

Einige Wörter werden im Französischen nur im Plural verwendet. Dazu gehört **les noces** für die *Hochzeit.*

Ils ont fêté leurs noces d'argent.
Sie haben ihre Silberhochzeit gefeiert.

les os
die Knochen

Das Wort **os** *(Knochen)* verändert im Plural zwar nicht seine Schreibweise, aber seine Aussprache. Im Singular wird das **s** am Ende gesprochen, bei **les os** im Plural spricht man es nicht.

les œufs
die Eier

Die Pluralform von **œuf** *(Ei)* ist ebenfalls im Hinblick auf die Aussprache unregelmäßig. Im Singular sprechen Sie das **f** am Ende aus, bei **les œufs** hört man nur ein **ö**.

les choux-fleurs
die Blumenkohle

Bei Wörtern, die sich aus zwei Substantiven zusammensetzen, wie **chou-fleur** *(Blumenkohl)* aus **chou** *(Kohl)* und **fleur** *(Blume)*, ändern sich beide Teile im Plural: **les choux-fleurs**.

Les choux-fleurs sont récoltés au bout de dix semaines.
Die Blumenkohle werden nach zehn Wochen geerntet.

les coffres-forts
die Safes

Bei Zusammensetzungen aus Substantiv und Adjektiv, wie hier **coffre** *(Truhe)* und **fort** *(stark)*, verändern sich im Plural beide Bestandteile.

Les coffres-forts ont été tous remplacés.
Die Safes wurden alle ausgetauscht.

les sourds-muets
die Taubstummen

Bei Verbindungen aus zwei Adjektiven, zum Beispiel **le sourd-muet** *(der Taubstumme)*, erhalten beide Wörter die Pluralendung **-s**.

Ils ont fondé une nouvelle fondation pour sourds-muets.
Sie haben eine neue Stiftung für Taubstumme gegründet.

les tire-bouchons
die Korkenzieher

Bei Verbindungen aus einem Verb und einem Substantiv bleibt das Verb im Plural unverändert. Das zusammengesetzte Substantiv **tire-bouchon** *(Korkenzieher)* setzt sich aus dem Verb **tirer** *(ziehen)* und dem Substantiv **bouchon** *(Korken)* zusammen. Das Verb **tire** erhält deshalb im Plural keine Endung.

Les tire-bouchons coûtent 5 euro chacun.
Die Korkenzieher kosten jeweils 5 Euro.

la bouche
der Mund

~~le~~ bouche

Achten Sie darauf, dass französische Wörter nicht automatisch das gleiche Geschlecht wie im Deutschen haben. So ist beispielsweise der *Mund* im Französischen weiblich: **la bouche**. Merken Sie sich deshalb, dass die meisten französischen Substantive auf **e** weiblich sind.

Ne parle pas la bouche pleine !
Sprich nicht mit vollem Mund!

Bon à savoir

Folgende Endungen zeigen in der Regel ebenfalls an, dass das Substantiv weiblich ist:

-té: la publicité *(die Werbung)*
-ée: l'idée *(die Idee)*
-tion: la tradition *(die Tradition)*
-ette: la baguette *(das Baguette)*
-ie: la sortie *(der Ausgang)*
-ise: la surprise *(die Überraschung)*
-ance: l'assurance *(die Versicherung)*
-ence: l'essence *(das Benzin)*
-esse: la finesse *(die Feinheit)*
-itude: la solitude *(die Einsamkeit)*
-aille: la trouvaille *(der Fund)*
-ade: la limonade *(die Limonade)*
-ure: la culture *(die Kultur)*

Attention

Achten Sie auf folgende (männliche) Ausnahmen – diese Liste ist aber nicht vollständig:

le comité *(das Komitee)*, **l'été** *(der Sommer)*
le côté *(die Seite)*, **le pâté** *(die Pastete)*
le musée *(das Museum)*, **le lycée** *(das Gymnasium)*
l'incendie *(der Brand)*, **le silence** *(die Ruhe)*

Petit détail

Außerdem sind alle Kontinente, die meisten Ländernamen auf **e** und Automarken weiblich, zum Beispiel: **l'Afrique** *(Afrika)*, **l'Australie** *(Australien)*, **la Pologne** *(Polen)*, **la Suisse** *(Schweiz)*, **la Renault** *(der Renault)*, **la Peugeot** *(der Peugeot)*.

le voyage
die Reise

~~la~~ voyage

Es gibt auch den Fall, dass ein Wort im Deutschen weiblich ist und im Französischen männlich, zum Beispiel **le voyage** *(die Reise)*. Die Endung **-age** weist in der Regel darauf hin, dass ein Substantiv männlich ist.

Bon voyage !
Gute Reise!

Bon à savoir

Folgende Endungen zeigen in der Regel ebenfalls an, dass das Substantiv männlich ist:

-(m)ent: le tempérament *(das Temperament)*
-isme: le tourisme *(der Tourismus)*
-eau: le bateau *(das Boot)*
-ier: le chantier *(die Baustelle)*
-ail: le travail *(die Arbeit)*
-euil: le deuil *(die Trauer)*
-oir: le pouvoir *(die Macht)*
-et: le projet *(das Projekt)*
-al: le cheval *(das Pferd)*

Außerdem sind alle Wochentage, Monate, Jahreszeiten, Himmelsrichtungen, Sprachen, Bäume, Metalle und chemische Elemente männlich!

Attention

Achten Sie auf folgende (weibliche) Ausnahmen:

la plage *(der Strand)*, **la page** *(die Seite)*
l'image *(das Bild)*, **la cage** *(der Käfig)*
la rage *(die Wut)*, **la jument** *(die Stute)*
l'eau *(das Wasser)*, **la peau** *(die Haut)*

le coiffeur, la coiffeuse
der Friseur, die Friseurin

la coiff~~eure~~

Häufig wird die weibliche Form durch das Anhängen eines -**e** an die männliche Bezeichnung gebildet: **l'étudiant** *(der Student)*, **l'étudiante** *(die Studentin)*. Es gibt aber noch andere Möglichkeiten. Aus der männlichen Endung -**eur**, wie bei **le coiffeur** *(der Friseur)*, wird die weibliche Form -**euse**. Daher lautet die richtige Bezeichnung für *Friseurin* **la coiffeuse**.

Qui peut me recommander une bonne coiffeuse ?
Wer kann mir eine gute Friseurin empfehlen?

Bon à savoir

Prägen Sie sich auch folgende Endungen für männliche und weibliche Substantive gut ein:

-(i)er/-(i)ère: le boulanger/la boulangère
(der Bäcker/die Bäckerin)
-teur/-trice: l'acteur/ l'actrice *(der Schauspieler / die Schauspielerin)*
-on/-onne: le patron/ la patronne *(der Chef/ die Chefin)*
-ien/-ienne: le pharmacien/ la pharmacienne
(der Apotheker/ die Apothekerin)

BLITZQUIZ
Vervollständigen Sie folgenden Satz mit dem passenden Wort.

Tu es déjà allé à ___ plage?
- ❍ **A** la
- ❍ **B** le

Faisons le point ! Für den korrekten Gebrauch von Substantiven müssen Sie auf zwei Punkte achten: die richtige Pluralbildung und das richtige Geschlecht (männlich oder weiblich). Wenn Sie dies beachten, sind Sie schnell eine Substantiv-Experte!

1. Vous avez visité les ____ de la Loire ? — ❍ A châteaux — ❍ B châteaus
2. Elle a acheté deux ____. — ❍ A portes-clés — ❍ B porte-clés
3. Hugo est allergique aux ____. — ❍ A noix — ❍ B noixs
4. Il y a deux ____ de musique classique en Provence. — ❍ A festivals — ❍ B festivaux
5. Faites contrôler vos ____ une fois par an. — ❍ A œils — ❍ B yeux
6. Tu peux me rendre mes ____ ? — ❍ A DVD — ❍ B DVDs
7. Les ____ de la reine sont de grande valeur. — ❍ A bijous — ❍ B bijoux
8. Je ne trouve pas les ____ que j'ai achetés. — ❍ A clous — ❍ B cloux
9. L'accusé a fait des ____ complets. — ❍ A aveux — ❍ B aveus
10. Les ____ ne sont pas encore terminés. — ❍ A travails — ❍ B travaux
11. Mesdames, ____, le concert commence dans 5 minutes. — ❍ A messieurs — ❍ B monsieurs
12. Il déteste ses ____. — ❍ A rivals — ❍ B rivaux

Lösung Blitzquiz
A

		A	B
13.	Les ____ sont ouverts le dimanche.	❍ A libres-services	❍ B libre-services
14.	En hiver, il faut changer les ____ de la voiture.	❍ A pneus	❍ B pneux
15.	____ promenade au bord de la mer était très romantique.	❍ A La	❍ B Le
16.	Excusez-moi, je voudrais ____ renseignement.	❍ A un	❍ B une
17.	J'adore ____ sud la France.	❍ A le	❍ B la
18.	Où est ____ sortie ?	❍ A le	❍ B la
19.	____ Peugeot te plaît comme voiture ?	❍ A Le	❍ B La
20.	____ blessure n'est pas grave.	❍ A Le	❍ B La
21.	____ policier nous a arrêtés hier soir.	❍ A Le	❍ B La
22.	Je connais bien la ____.	❍ A vendeuse	❍ B vendeure
23.	Ma grand-mère a mal aux ____.	❍ A genous	❍ B genoux
24.	____ silence nous fait du bien.	❍ A Le	❍ B La

Lösungen

1. A, 2. B, 3. A, 4. A, 5. B, 6. A, 7. B, 8. A, 9. A, 10. B, 11. A, 12. B, 13. A, 14. A, 15. A, 16. A, 17. A, 18. B, 19. B, 20. B, 21. A, 22. A, 23. B, 24. A

GRAMMATIK

Verben

appeler
(an)rufen

jeter
werfen

j'appe~~l~~e/je je~~t~~e

Bei einigen Verben, die im Infinitiv auf -**eler** oder -**eter** enden, verändert sich die Schreibweise bei **je**, **tu**, **il/elle** und **ils/elles**. Bei Verben auf -**eler**, wie **appeler** *(rufen)*, wird **l** zu **ll**. Daher schreibt man **nous appelons** mit einem **l**, aber **j'appelle** mit zwei **ll**. Bei Verben auf -**eter**, wie **jeter** *(werfen)*, verändert sich das **t** zu **tt**. Es heißt demnach richtig **nous jetons** und **je jette**.

Elle t'appelle ce soir.
Sie ruft dich heute Abend an.

Ils jettent des pièces dans la fontaine.
Sie werfen Münzen in den Brunnen.

acheter
kaufen

peler
schälen

j'achete/je pele

Bei anderen Verben mit Infinitiv auf -**eter** und -**eler** erhält das **e** vor **l** oder **t** einen **accent grave (è)** bei **je**, **tu**, **il/elle** und **ils/elles.** Als Beispielverben für diesen Fall können Sie sich **acheter** *(kaufen)* und **peler** *(schälen)* merken.

Je n'achète plus de bouteilles en plastique.
Ich kaufe keine Plastikflaschen mehr.

Je pèle les poires parce que je n'aime pas la peau.
Ich schäle die Birnen, weil ich die Schale nicht mag.

employer
verwenden, beschäftigen

s'ennuyer
sich langweilen

j'employe/je m'ennuye
Bei Verben, die im Infinitiv auf -**oyer** und -**uyer** enden, wird bei **je**, **tu**, **il**, **elle**, **ils** und **elles** aus dem **y** ein **i**.

Il emploie vingt personnes dans son entreprise.
Er beschäftigt zwanzig Personen in seiner Firma.

Elle s'ennuie vite.
Sie langweilt sich schnell.

Bon à savoir

Bei den Verben auf -**ayer**, wie **payer** *(bezahlen)*, **essayer** *(versuchen, probieren)* und **effrayer** *(erschrecken)*, können die Verbformen auf zweierlei Weise geschrieben werden. So ist beim Verb **payer** *(bezahlen)* sowohl die Form **je paie** als auch **je paye** richtig. Dasselbe gilt für **j'essaye/j'essaie** und **j'effraye/j'effraie.**

préférer
vorziehen, lieber mögen, bevorzugen

je préfére

Im Fall von **préférer** wird bei **je**, **tu**, **il/elle**, **ils/elles** aus dem **é** der vorletzten Silbe ein **è**.

Je préfère aller au cinéma qu'au théâtre.
Ich gehe lieber ins Kino als ins Theater.

BLITZQUIZ
Vervollständigen Sie folgenden Satz mit dem passenden Wort.

Est-ce que vous m'___ demain ?
- A appelez
- B appellez

danser
tanzen

Die Verben auf -**er** sind regelmäßige Verben. Dennoch haben sie eine kleine Tücke! Mehrere Endungen werden gleich gesprochen, aber unterschiedlich geschrieben.
So werden zum Beispiel im Präsens die Endungen -**e**, -**es**, -**ent** nicht gesprochen und im **imparfait** die Endungen -**ais**, -**ait**, -**aient** gleich ausgesprochen.

Est-ce que tu danses souvent ?
Tanzst du oft?

Ils dansaient souvent le tango.
Sie tanzten oft Tango.

Sois... !
Sei ...!

~~Es~~ courageux !

Normalerweise wird die Befehlsform im Französischen mit der 2. Person Singular (**tu**) gebildet. Die Befehlsform von **être** *(sein)* ist jedoch unregelmäßig und lautet **sois**. Die Pluralformen sind **soyons** *(seien wir, lasst uns sein)* und **soyez** *(seid, seien Sie)*.

Sois courageux et fais le premier pas !
Sei mutig und mache den ersten Schritt!

Petit détail

Nicht vergessen! Bei den Verben auf -**er** wie **jouer** fällt bei der Befehlsform in der 2. Person Singular das -**s** am Ende weg: **tu joues** *(du spielst)* wird zu **Joue !** *(Spiel!)*

Lösung Blitzquiz
A

Attention

Andere Verben mit einer unregelmäßigen Befehlsform sind:

avoir *(haben)*: **aie, ayons, ayez**
savoir *(wissen, können)*: **sache, sachons, sachez**
vouloir *(wollen)*: **veuille, voulons, veuillez**
aller *(gehen, fahren)*: **va, allons, allez**

avoir
haben

Das Verb **avoir** *(haben)* ist eines der am häufigsten gebrauchten Verben, da es auch für die Bildung der Vergangenheit gebraucht wird. Prägen Sie sich daher seine unregelmäßigen Formen im Präsens gut ein: **j'ai, tu as, il/elle a, nous avons, vous avez, ils/elles ont.**

Ils ont une maison avec jardin.
Sie haben ein Haus mit Garten.

Attention

Das Verb **avoir** weist auch in anderen Zeiten unregelmäßige Formen auf.

Passé composé: **j'ai eu** *(ich habe gehabt)*
Imparfait: **j'avais** *(ich hatte)*
Futur simple: **j'aurai** *(ich werde haben)*
Conditionnel: **j'aurais** *(ich hätte)*

être
sein

Das Verb **être** *(sein)* kommt ebenfalls sehr häufig zum Einsatz. Aber aufgepasst, die Formen im Präsens enthalten mehrere Stolperfallen: **je suis, tu es, il/elle est, nous sommes, vous êtes, ils/elles sont.**

Vous êtes Allemande ?
Sind Sie Deutsche?

BLITZQUIZ
Vervollständigen Sie folgenden Satz mit dem passenden Wort.

___ à l'heure la prochaine fois !

- ❍ **A** Êtes
- ❍ **B** Soyez

Attention

Das Verb **être** hat zudem folgende Sonderformen:

Passé composé: **j'ai été** *(ich bin gewesen)*
Imparfait: **j'étais** *(ich war)*
Futur simple: **je serai** *(ich werde sein)*
Conditionnel: **je serais** *(ich wäre)*

faire
machen, tun

Im Fall von **faire** *(machen, tun)* sollten Sie vor allem auf die Formen **vous faites** und **ils/elles font** achten.

Est-ce que vous faites du sport ?
Machen Sie Sport? / Macht ihr Sport?

Attention

Achten Sie bei **faire** auch auf folgende Formen:

Passé composé: **j'ai fait** *(ich habe gemacht/getan)*
Imparfait: **je faisais** *(ich machte/tat)*
Futur simple: **je ferai** *(ich werde machen/tun)*
Conditionnel: **je ferais** *(ich würde machen/ich täte)*

aller
gehen, fahren

Merken Sie sich die Formen von **aller** *(gehen, fahren)* gut, da Sie sie auch brauchen, um das **futur composé** zu bilden: **je vais, tu vas, il/elle va, nous allons, vous allez, ils/elles vont**.

Tu vas souvent à la piscine.
Du gehst oft ins Schwimmbad.

Vous allez regretter cette décision.
Sie werden diese Entscheidung bereuen.

Lösung Blitzquiz
B

Attention

Aller hat außerdem folgende unregelmäßige Formen:

Passé composé: **je suis allé(e)** *(ich bin gegangen/gefahren)*
Imparfait: **j'allais** *(ich ging/fuhr)*
Futur simple: **j'irai** *(ich werde gehen/fahren)*
Conditionnel: **j'irais** *(ich würde gehen/fahren)*

dire
sagen

Vorsicht bei **vous dites** *(ihr sagt, Sie sagen)* von **dire**!

Vous ne dites jamais la vérité !
Sie sagen nie die Wahrheit!

prendre
nehmen

Prendre *(nehmen)* hat normalerweise nur ein **n**, doch in der Form **ils/elles prennent** wird es verdoppelt.

Ils prennent le raccourci.
Sie nehmen die Abkürzung.

boire
trinken

Manche Verben wie **boire** *(trinken)* haben zwei verschiedene Stämme im Präsens. Es heißt **je bois**, **tu bois**, **il/elle boit** und **ils/elles boivent** (mit **v**!), aber **nous buvons** und **vous buvez**.

Nous ne buvons pas d'alcool.
Wir trinken keinen Alkohol.

vouloir
wollen

Bei dem Verb **vouloir** *(wollen)* müssen Sie auf zwei Besonderheiten achten. Die Formen für **je** und **tu** enden mit einem **x**: **je veux, tu veux.** Außerdem gibt es einen Vokalwechsel: **je veux**, **tu veux**, **il/elle veut** und **ils/elles veulent** schreibt man mit **eu**, **nous voulons** und **vous voulez** werden hingegen mit **ou** geschrieben.

Je ne veux pas accepter cette offre.
Ich will dieses Angebot nicht annehmen.

Bon à savoir

Das Verb **pouvoir** *(können, dürfen)* hat dieselben Unregelmäßigkeiten: **je peux, tu peux, il/elle peut** und **ils/elle peuvent** (mit v!), aber **nous pouvons** und **vous pouvez.**

voir
sehen, betrachten

Beim Verb **voir** *(sehen, betrachten)* muss man darauf achten, dass die Formen **je vois, tu vois, il/elle voit** und **ils/elles voient** mit **oi** geschrieben werden. **Nous voyons** und **vous voyez** hingegen mit **oy**.

Ils voient les choses de différentes façons.
Sie betrachten die Dinge unterschiedlich.

Attention

Vorsicht! In **savoir** *(wissen, können)* und **devoir** *(müssen, sollen)* scheint zwar das Wort **voir** zu stecken, sie werden aber anders gebildet.

savoir: **je sais, tu sais, il/elle sait, nous savons, vous savez, ils/elles savent**
devoir: **je dois, tu dois, il/elle doit, nous devons, vous devez, ils/elles doivent**

plaire
gefallen

pleuvoir
regnen

Die Verben **plaire** *(gefallen)* und **pleuvoir** *(regnen)* teilen sich eine gleiche Form: **plu**. Diese Form brauchen Sie zum Beispiel, um die Vergangenheitsform **passé composé** zu bilden. Verwechseln Sie sie jedoch nicht!

Le livre m'a plu.
Das Buch hat mir gefallen.

Il a plu hier.
Gestern hat es geregnet.

entrer
eintreten, hineingehen, betreten

Verben der Bewegungsrichtung, wie **entrer** *(eintreten)*, bilden das **passé composé** mit **être**.

Caroline est entrée dans le musée.
Caroline ist in das Museum hineingegangen.

Bon à savoir

Folgende Verben gehören zu dieser Gruppe:

aller *(gehen, fahren)*, **venir** *(kommen)*
revenir *(zurückkommen)*, **rentrer** *(zurückgehen, nach Hause gehen)*, **arriver** *(ankommen)*
partir *(weggehen, -fahren, fortgehen, losfahren)*
sortir *(hinausgehen, ausgehen)*, **tomber** *(fallen)*
retourner *(zurückkehren)*, **monter** *(hinaufsteigen, einsteigen)*
descendre *(hinuntergehen, aussteigen)*, **passer** *(vorbeigehen)*

rester
bleiben

Nicht nur bei Verben der Bewegungsrichtung, sondern auch bei Verben des Verweilens, wie **rester** *(bleiben)*, bildet man das **passé composé** mit **être**.

Ils ne sont pas restés jusqu'à la fin du concert.
Sie sind nicht bis zum Ende des Konzerts geblieben.

Bon à savoir

Naître *(geboren werden)* und **mourir** *(sterben)* benötigen ebenfalls das Verb **être**, um das **passé composé** zu bilden.

Elle est née et morte dans la même ville.
Sie ist in der gleichen Stadt geboren und gestorben.

courir
rennen, laufen

je ~~suis~~ couru

Normalerweise bilden Verben, die eine Bewegung ausdrücken, das **passé composé** mit **être**, wie **aller** *(gehen, fahren)* oder **venir** *(kommen)*. Das Verb **courir** *(rennen, laufen)* ist jedoch eine Ausnahme und bildet daher das **passé composé** mit **avoir**.

J'ai couru mon premier marathon hier.
Ich bin gestern meinen ersten Marathon gerannt.

Attention

Folgende Verben der Bewegung bilden das **passé composé** ebenfalls mit **avoir**. Hier ein paar Beispiele:

nager *(schwimmen)*, **rouler** *(rollen, fahren)*
marcher *(gehen)*, **danser** *(tanzen)*
bouger *(bewegen)*, **grimper** *(klettern)*
sauter *(hüpfen, springen)*
voler *(fliegen)*, **voyager** *(reisen)*

se laver
sich waschen

il s'~~a~~ lavé

Im Unterschied zum Deutschen bilden die reflexiven Verben im Französischen, wie **se laver** *(sich waschen)*, das **passé composé** mit **être**. Reflexive Verben erkennt man an **se** vor dem Infinitiv.

Il s'est lavé après le travail.
Er hat sich nach der Arbeit gewaschen.

monter
(hinauf) steigen/-gehen, hinaufbringen, einsteigen

Das Verb **monter** kann das **passé composé** mit **être** und **avoir** bilden. Je nach Hilfsverb verändert sich jedoch die Bedeutung von **monter**. Mit **être** bedeutet **monter** *hinaufgehen* oder *einsteigen*. Zusammen mit **avoir** wird es mit *hinaufbringen* übersetzt.

Je suis monté sur l'échelle.
Ich bin auf die Leiter gestiegen.

J'ai monté la valise dans ma chambre.
Ich habe den Koffer in mein Zimmer hinaufgebracht.

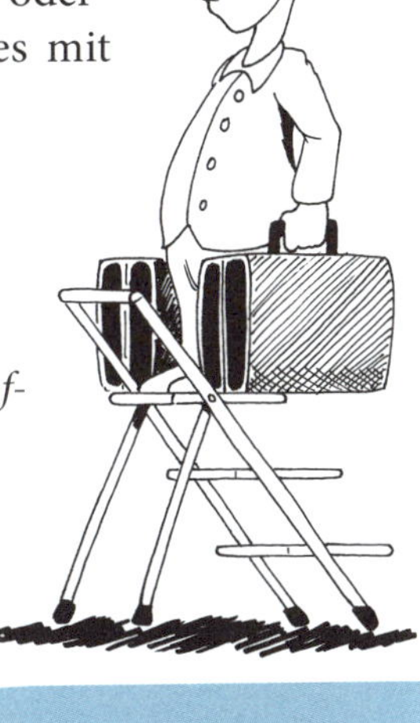

Bon à savoir

Für folgende Verben kann man sowohl **être** als auch **avoir** im **passé composé** nehmen:

descendre (mit **être** *hinuntergehen, aussteigen* und mit **avoir** *hinunterbringen)*
sortir (mit **être** *hinausgehen, ausgehen* und mit **avoir** *hinausbringen)*
passer (mit **être** *vorbeigehen* und mit **avoir** *hinüberreichen, verbringen)*
rentrer (mit **être** *zurücklaufen, nach Hause gehen* und mit **avoir** *hineinbringen)*

BLITZQUIZ
Vervollständigen Sie folgenden Satz mit dem passenden Wort.

___ nagé une heure ce matin.

❍ **A** Je suis
❍ **B** J'ai

partir
weggehen, -fahren, fortgehen, losfahren

elles sont ~~parti~~

Alle Verben, wie **partir** *(weggehen, wegfahren, fortgehen, losfahren)*, die das **passé composé** mit **être** bilden, gleichen ihr Partizip (**parti**) in Zahl und Geschlecht an das Subjekt an. Ist das Subjekt weiblich, wird ein -**e** angefügt. Steht das Subjekt im Plural, setzt man ein -**s** ans Ende des Partizips.

Mes amies sont parties à dix heures.
Meine Freundinnen sind um 10 Uhr weggegangen/losgefahren.

Attention

Diese Regel gilt auch für die reflexiven Verben wie **se laver** *(sich waschen).*

Elle s'est lavée.
Sie hat sich gewaschen.

Folgt dem reflexiven Verb jedoch ein direktes Objekt, wird nicht angeglichen.

Elle s'est lavé les mains.
Sie hat sich die Hände gewaschen.

acheter
kaufen

Normalerweise wird beim **passé composé** mit **avoir** das Partizip, wie **acheté** *(gekauft)*, nicht angeglichen. Geht dem Partizip jedoch ein direktes Objekt voraus, dann wird das Partizip verändert. Das direkte Objekt kann ein Pronomen wie **la**, **les**, **nous**, ein Relativpronomen wie **que** oder ein Interrogativpronomen wie **combien** oder **quels** sein.

Il a vu la chemise et il l'a tout de suite achetée.
Er hat das Hemd gesehen und hat es sofort gekauft.

J'adore la robe qu'elle a achetée.
Ich liebe das Kleid, das sie gekauft hat.

Combien de livres as-tu achetés ?
Wie viele Bücher hast du gekauft?

Lösung Blitzquiz
B

d'habitude
gewöhnlich

Wenn Sie dieses Wort sehen, müssen bei Ihnen die Alarmglocken läuten! Wenn Sie im Französischen gewohnheitsmäßige Handlungen in der Vergangenheit beschreiben wollen, dann müssen Sie das **imparfait** verwenden. Ein Signalwort ist **d'habitude** *(gewöhnlich)*.

D'habitude, il faisait du sport le matin.
Gewöhnlich machte er morgens Sport.

pendant que
während

Nach **pendant que** *(während)* steht immer das **imparfait**. Es werden damit meistens zwei Handlungen ausgedrückt, die gleichzeitig stattfinden.

Pendant qu'elle téléphonait, les enfants criaient.
Während sie telefonierte, schrien die Kinder.

Bon à savoir

Das **imparfait** schildert Zustände, Begleitumstände, gewohnheitsmäßige und sich wiederholende Handlungen, die zeitlich nicht begrenzt sind. Es beschreibt Situationen (Wetter, Landschaften) und Personen in der Vergangenheit. Folgende Zeitangaben sind Signalwörter für das **imparfait**:

toujours *(immer)*, **autrefois** *(damals)*, **quand** *(immer wenn)*, **souvent** *(oft, häufig)*, **chaque jour/matin/soir** *(jeden Tag/ Morgen/Abend)*, **le matin/le soir** *(morgens/abends)*, **chaque fois que** *(jedes Mal, wenn)*, **tous les jours** *(jeden Tag)*

Vervollständigen Sie folgenden Satz mit dem passenden Wort.

Quelles photos est-ce que tu as ___?

- A choisies
- B choisi

penser
denken

Verben des Denkens und der Meinungsäußerung wie **penser** *(denken)* stehen häufig im **imparfait**, da man mit ihnen oft ein nicht abgeschlossenes Ereignis beschreibt.

Je pensais que vous seriez en vacances.
Ich dachte, dass ihr/Sie im Urlaub wärt/wären.

Bon à savoir

Das gilt auch für die Verben **savoir** *(wissen, können)*, **être convaincu(e)** *(überzeugt sein)* und **croire** *(glauben)*.

il y avait
es gab

Die Wendung **il y a** *(es gibt)* steht häufig im **imparfait**, außer man möchte ausdrücken, dass eine Situation plötzlich auftrat.

Il y avait à manger en quantité.
Es gab reichlich zu essen.

Tout à coup, il y a eu une détonation.
Plötzlich gab es einen Knall.

Attention

Wird ein Vorgang oder eine Handlung, die bereits andauert, durch ein unerwartetes Ereignis oder eine neu einsetzende Handlung unterbrochen, verwendet man zuerst das **imparfait** und dann das **passé composé**.

Nous regardions un film quand quelqu'un a sonné.
Wir schauten einen Film, als jemand klingelte.

Bei zwei abgeschlossenen Handlungen, die aufeinander folgen, steht beides Mal das **passé composé**.

Nous avons fait les courses au supermarché et ensuite, nous avons fait un pique-nique au parc.
Wir haben im Supermarkt eingekauft und dann haben wir im Park gepicknickt.

Lösung Blitzquiz
A

tout à coup
plötzlich

Bei **tout à coup** für *plötzlich* müssen Sie aufpassen. Denn **tout à coup** ist ein Signalwort für das **passé composé**. Danach steht nie das **imparfait**!

Tout à coup, il a glissé sur la glace.
Plötzlich ist er auf dem Eis ausgerutscht.

Bon à savoir

Das **passé composé** verwendet man bei Ereignissen mit deutlichem Anfang bzw. Ende. Es schildert einmalige, abgeschlossene und zeitlich begrenzte Handlungen sowie Handlungsketten in der Vergangenheit. Folgende Signalwörter sollten Sie sich gut merken:

d'abord *(zuerst)*, **puis** *(dann)*, **ensuite** *(danach)*, **quand** *(als)*, **soudain** *(plötzlich)*, **un jour/un matin/un soir** *(eines Tages/eines Morgens/eines Abends)*, **ce matin/ce soir** *(heute Morgen/heute Abend)*, **la semaine dernière** *(letzte Woche)*, **en [2020]** *(im Jahr [2020])*

il/elle enverra
er/sie/es wird schicken/senden

Die Grundregel zur Bildung der Zukunftsform **futur simple** lautet: Infinitiv-Form ohne **r** + folgende Endungen: **-rai, -ras, -ra, -rons, -rez, -ront**. Manche Formen sind unregelmäßig, wie Sie hier sehen.

Elle enverra la lettre à sa mère.
Sie wird den Brief an ihre Mutter schicken.

il/elle aura
er/sie/es wird haben

Il aura du temps la semaine prochaine.
Er wird nächste Woche Zeit haben.

il/elle sera
er/sie/es wird sein

Camille sera à Paris ce week-end.
Camille wird dieses Wochenende in Paris sein.

Attention

Viele andere Verben bilden ebenfalls unregelmäßige Formen im **futur simple**. Hier nur ein paar Beispiele:

aller *(gehen, fahren)*: **j'irai**
faire *(machen, tun)*: **je ferai**
devoir *(müssen, sollen)*: **je devrai**
venir *(kommen)*: **je viendrai**
pouvoir *(können, dürfen)*: **je pourrai**
vouloir *(wollen)*: **je voudrai**

Bon à savoir

Wenn Sie sich die Formen des **futur simple** gut merken, werden Sie auch das **conditionnel** fehlerfrei bilden können. Es sind im **conditionnel** dieselben Verben, die unregelmäßig sind:

Futur simple: **j'enverrai** *(ich werde schicken/senden)*
Conditionnel: **j'enverrais** *(ich würde schicken/senden)*

... que tu puisses
..., dass du kannst/darfst

Einige Verben, wie **pouvoir** *(können, dürfen)* oder **savoir** *(wissen, können)*, haben unregelmäßige **subjonctif**-Formen.

C'est important que tu puisses participer à la réunion.
Es ist wichtig, dass du an der Besprechung teilnehmen kannst.

... que tu saches
..., dass du weißt/kannst

C'est important que tu saches nager avant les vacances à la mer.
Es ist wichtig, dass du vor dem Urlaub am Meer schwimmen kannst.

Attention

Auch hier gibt es einige Verben, die unregelmäßige **subjonctif**-Formen haben. Prägen Sie sie sich gut ein!

avoir *(haben)*: **que j'aie**
aller *(gehen, fahren)*: **que j'aille**
être *(sein)*: **que je sois**
faire *(machen, tun)*: **que je fasse**
vouloir *(wollen)*: **que je veuille**
devoir *(müssen, sollen)*: **que je doive**

trouver bon/drôle que
gut/lustig/ komisch finden, dass

Je trouve drôle que tu ne ~~fais~~ pas

Nach Ausdrücken der persönlichen Wertung oder Gefühlsäußerung steht im Französischen der **subjonctif**. Dazu gehört der Ausdruck **trouver bon/drôle que** *(gut/lustig/ komisch finden)*.

Je trouve drôle que tu ne fasses jamais la vaisselle.
Ich finde komisch, dass du nie das Geschirr spülst.

trouver que
finden, dass

Steht nach **trouver** jedoch kein Adjektiv, verwendet man den Indikativ, also keinen **subjonctif**!

Je trouve qu'on a bien travaillé ensemble.
Ich finde, dass wir gut zusammengearbeitet haben.

craindre que
befürchten, dass

Nach **craindre que** *(befürchten, dass)* folgen in der Regel **ne** und der **subjonctif**.

Je crains qu'il ne vienne pas.
Ich befürchte, dass er nicht kommt.

BLITZQUIZ
Vervollständigen Sie folgenden Satz mit dem passenden Wort.

Ils trouvent que nous ___ trop lentement.

○ **A** travaillions
○ **B** travaillons

Bon à savoir

Folgende Ausdrücke sind ebenfalls **subjonctif**-Auslöser:

regretter que *(bedauern, dass)*
être content(e) que *(froh sein, dass)*
être triste que *(traurig sein, dass)*
avoir peur que *(Angst haben, dass)*
il est bon/mauvais que *(es ist gut/schlecht, dass)*
il/cela me plaît que *(es gefällt mir, dass)*
détester que *(verabscheuen/hassen, dass)*
douter que *(bezweifeln, dass)*
s'étonner que *(sich wundern, dass)*

il faut que
es muss sein, dass / man muss

Il faut que nous ~~sommes~~

Der **subjonctif** steht nach unpersönlichen Ausdrücken der Forderung und der Notwendigkeit wie **il faut que** *(es muss sein, dass/man muss).*

Il faut que nous soyons plus prudents.
Wir müssen vorsichtiger sein.

Attention

Denken Sie an den **subjonctif** nach folgenden Ausdrücken:

il est normal que *(es ist normal, dass)*
il est important que *(es ist wichtig, dass)*
il suffit que *(es genügt, dass)*
il vaut mieux que *(es ist besser, dass)*
il est utile que *(es ist nützlich, dass)*
il est temps que *(es ist Zeit, dass)*
il est nécessaire que *(es ist notwendig, dass)*
c'est dommage que *(es ist schade, dass)*

Lösung Blitzquiz
B

proposer que
vorschlagen, dass

Je propose que nous ~~allons~~

Verben des Wollens, Wünschens, Bittens und Vorschlagens, wie **proposer que** *(vorschlagen)*, lösen ebenfalls den **subjonctif** aus.

Je propose que nous allions au restaurant ce soir.
Ich schlage vor, dass wir heute Abend ins Restaurant gehen.

Bon à savoir

Nach folgenden Ausdrücken muss man den **subjonctif** verwenden:

vouloir que *(wollen, dass)*
souhaiter que *(wünschen, dass)*
désirer que *(wünschen, dass)*
aimer que *(mögen, dass)*
préférer que *(vorziehen/lieber mögen, dass)*
exiger que *(fordern, dass)*
accepter que *(zulassen, dass)*
interdire que *(verbieten, dass)*

ne pas croire que
nicht glauben, dass

Wenn Verben des Meinens und Denkens, wie **croire que** *(glauben, dass)*, mit **ne… pas** verneint werden, folgt der **subjonctif**. Sind die Verben nicht verneint, ziehen sie den Indikativ nach sich, also keinen **subjonctif**!

Elle ne croit pas que son patron ait raison.
Sie glaubt nicht, dass ihr Chef Recht hat.

Elle croit que son patron a raison.
Sie glaubt, dass ihr Chef Recht hat.

BLITZQUIZ
Vervollständigen Sie folgenden Satz mit dem passenden Wort.

Il faut que tu ___ tes devoirs.

- ❍ **A** fais
- ❍ **B** fasses

Attention

Diese Regel gilt auch für **penser que** *(denken, dass)*, **trouver que** *(finden, dass)* und **être d'avis que** *(der Meinung sein, dass)*.

espérer que
hoffen, dass

J'espère qu'il ~~fasse~~ beau demain.

Nach **espérer que** *(hoffen, dass)* steht kein **subjonctif**, sondern meistens das **futur simple**.

J'espère qu'il fera beau demain.
Ich hoffe, dass das Wetter morgen schön ist.

pour que
damit

pour que tu ~~peux~~

Bestimmte Konjunktionen, wie **pour que** *(damit)*, erfordern den **subjonctif**.

Je fais des économies pour que tu puisses faire des études plus tard.
Ich spare Geld, damit du später studieren kannst.

Attention

Folgende Konjunktionen sind **subjonctif**-Auslöser:

avant que *(bevor)*, **jusqu'à ce que** *(bis)*
afin que *(damit)*, **sans que** *(ohne dass)*
bien que *(obwohl)*, **quoique** *(obwohl, obgleich)*
à condition que *(unter der Bedingung, dass)*
pourvu que *(vorausgesetzt, dass)*
à moins que *(es sei denn, dass)*

Lösung Blitzquiz
B

de sorte que / de façon que / de manière que
sodass

Nach **de sorte que** *(sodass)* steht der Indikativ, also kein **subjonctif**, wenn man eine Folge angeben möchte (im Sinne von *deshalb*).

Zoé est malade de sorte qu'elle doit rester au lit.
Zoé ist krank, sodass sie im Bett bleiben muss.

Möchte man mit **de sorte que** jedoch eine Absicht oder einen Zweck ausdrücken (im Sinne von *damit*), verwendet man danach den **subjonctif**.

Il m'a aidé de sorte que je puisse le faire tout seul la prochaine fois.
Er hat mir geholfen, sodass ich es das nächste Mal ganz allein machen kann.

Bon à savoir

Diese Regel gilt auch für **de façon que** und **de manière que**. Beide bedeuten *sodass*.

Parle plus fort de façon que je t'entende mieux.
Sprich lauter, sodass/damit ich dich besser verstehe.

QUIZ
Verben

Faisons le point ! Die Verben sind häufig eine Fehlerquelle. Mal ist es die falsche Form, mal die falsche Zeit. Schnell hat man die Angleichung des Partizips vergessen oder einen **subjonctif**-Auslöser nicht erkannt. Nehmen Sie sich daher die Zeit und testen Sie mit diesem Quiz Ihr Wissen über die französischen Verben und deren Tücken.

		A	B
1.	Elle s'est ____ au bord de la mer.	❍ A promené	❍ B promenée
2.	Nous ____ nagé dans l'eau froide.	❍ A avons	❍ B sommes
3.	J'espère que tu ____ venir avec moi.	❍ A puisses	❍ B pourras
4.	Elles se sont ____ les pieds.	❍ A lavés	❍ B lavé
5.	Tous les jours, il ____ à la plage.	❍ A allait	❍ B est allé
6.	Qu'est-ce que vous ____ demain ?	❍ A faisez	❍ B faites
7.	Le mariage ____ lieu en mai.	❍ A aura	❍ B sera
8.	____ heureux !	❍ A Soyons	❍ B Sommes
9.	Vous ____ du thé ou du café ?	❍ A boivez	❍ B buvez
10.	Il ____ tombé par terre.	❍ A a	❍ B est
11.	Un jour, ils ____ la ville.	❍ A ont quitté	❍ B quittaient
12.	Demain, nous ____ une excursion.	❍ A ferons	❍ B faisions
13.	Je trouve important que vous ____ ma décision.	❍ A acceptez	❍ B acceptiez

14. Elle craint que son amie ____ pas honnête. ❍ A ne soit ❍ B n'est

15. Nous vous ____ la semaine prochaine. ❍ A appelons ❍ B appellons

16. Vous ____ très jolie, Madame Leroy ! ❍ A étez ❍ B êtes

17. Tu ____ monté à la Tour Eiffel ? ❍ A as ❍ B es

18. Pendant l'été, il ____ chaque matin. ❍ A courait ❍ B a couru

19. Je crois qu'elle ____ changer de travail. ❍ A doive ❍ B doit

20. Ils ____ des oranges et des kiwis. ❍ A achètent ❍ B achetent

21. Les filles sont ____ à 19 heures. ❍ A parti ❍ B parties

22. Est-ce que tu ____ descendu mes valises ? ❍ A as ❍ B es

23. Il trouve que les autres ____ plus de succès que lui. ❍ A ont ❍ B aient

24. Est-ce que vous vous ____ ? ❍ A ennuiez ❍ B ennuyez

25. Combien de croissants as-tu ____ ? ❍ A mangé ❍ B mangés

26. Je travaillais pendant que vous ____. ❍ A dormiez ❍ B avez dormi

27. C'est dommage que nous ____ partir. ❍ A devons ❍ B devions

Lösungen

1. B, 2. A, 3. B, 4. B, 5. A, 6. B, 7. A, 8. A, 9. B, 10. B, 11. A, 12. A, 13. B, 14. A, 15. A, 16. B, 17. B, 18. A, 19. B, 20. A, 21. B, 22. A, 23. A, 24. B, 25. B, 26. A, 27. B

GRAMMATIK

Satzbau

ne… pas
nicht

Die Verneinung **ne… pas** umschließt im Französischen wie eine Klammer das konjugierte Verb. Bei zusammengesetzten Zeiten umschließt sie das konjugierte Hilfsverb **avoir** oder **être**. Das gilt übrigens für alle Verneinungen außer **ne… personne** *(niemand)*!

Julie n'a pas tenu sa promesse.
Julie hat ihr Versprechen nicht gehalten.

Attention

Wenn Sie einen Infinitiv verneinen möchten, müssen Sie beide Verneinungselemente vor den Infinitiv stellen.

Fais attention de ne pas tomber !
Pass auf, dass du nicht fällst!

ne… personne
niemand

je n'ai ~~personne vu~~

Ne… personne *(niemand)* umklammert bei zusammengesetzten Zeiten und Sätzen mit Infinitiven die komplette Gruppe aus konjugiertem Verb und Partizip bzw. Infinitiv.

Il n'a vu personne, mais il ne veut voir personne.
Er hat niemanden gesehen, aber er will niemanden sehen.

ne… rien / rien ne…
nichts

Rien *(nichts)* kann sowohl Subjekt als auch Objekt sein. Es steht immer ohne **pas**.

Mon chat ne mange plus rien et rien ne l'intéresse plus.
Meine Katze isst nichts mehr und nichts interessiert sie mehr.

Bon à savoir

Personne *(niemand)* und **aucun** *(kein)* können ebenfalls als Subjekt oder Objekt eingesetzt werden: **personne ne** oder **ne… personne** bzw. **aucun ne** oder **ne… aucun**.

est-ce que
–

Im Gegensatz zum Deutschen haben Fragesätze mit **est-ce que** dieselbe Satzstellung wie der Aussagesatz. Im Deutschen gibt es für **est-ce que** keine Entsprechung.

Est-ce que vous avez visité la vieille ville ?
Habt ihr / Haben Sie die Altstadt besichtigt?

qui est-ce qui
wer

qui est-ce que
wen

qu'est-ce que / qu'est-ce qui
was

Fragen nach Personen beginnen mit **qui**, Fragen nach Sachen hingegen mit **que**. Möchte man nach dem Subjekt fragen, endet das Fragewort mit **qui**. Bei der Frage nach dem Objekt folgt auf das **est-ce** ein **que**. Die Satzstellung ist wie im Aussagesatz.

Qui est-ce qui chante soir ?
Wer singt heute Abend?

Qui est-ce que tu cherches ?
Wen suchst du?

Qu'est-ce qui t'intéresse ?
Was interessiert dich?

Qu'est-ce que tu lis ?
Was liest du?

Inversionsfrage

Bei der Inversionsfrage wird die übliche Reihenfolge umgekehrt und daher steht das Subjekt nach dem Verb. Zwischen Verbform und Subjekt steht ein Bindestrich. Endet das Verb bei **il**, **elle** oder **on** auf -**a** oder -**e**, wird zwischen Verb und Subjekt ein -**t**- eingeschoben.

Que disent-ils ? Que pense-t-elle ?
Was sagen sie? Was denkt sie?

Attention

Wenn das Subjekt ein Eigenname oder ein Substantiv ist, bleibt es vor dem Verb stehen und wird danach als Pronomen wiederaufgenommen.

Vos voisins viennent-ils à la fête ?
Kommen eure/Ihre Nachbarn zum Fest?

si
wenn, falls

Si je ~~serais~~ riche

Im Französischen gibt es drei Bedingungssätze.
Sind die Bedingung und die Folge möglich, steht im **si**-Satz das Präsens und im Hauptsatz entweder das Präsens oder das **futur simple**, wenn sich die Folge auf die Zukunft bezieht.

S'il pleut demain, nous resterons à la maison.
Wenn es morgen regnet, bleiben wir zuhause.

Ist die Bedingung unwahrscheinlich, verwendet man im **si**-Satz das **imparfait** und im Hauptsatz das **conditionnel**.

Si j'étais riche, j'achèterais une grande maison avec une piscine.
Wenn ich reich wäre, würde ich ein großes Haus mit einem Schwimmbad kaufen.

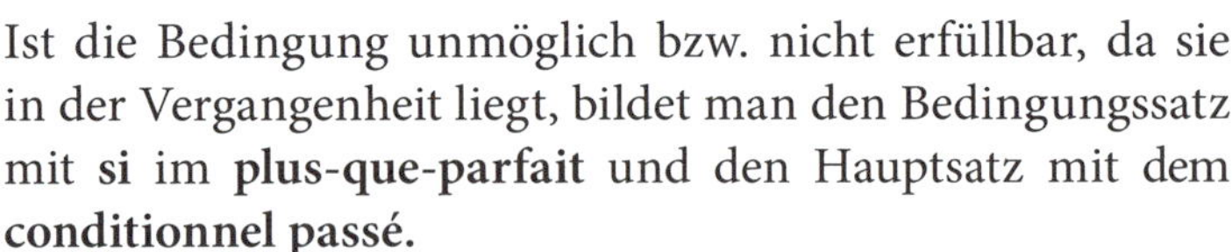

Ist die Bedingung unmöglich bzw. nicht erfüllbar, da sie in der Vergangenheit liegt, bildet man den Bedingungssatz mit **si** im **plus-que-parfait** und den Hauptsatz mit dem **conditionnel passé.**

Si on avait regardé la météo, on aurait emporté un parapluie.
Wenn wir den Wetterbericht angeschaut hätten, hätten wir einen Regenschirm mitgenommen.

Attention

Im **si**-Satz steht nie das **futur simple** oder das **conditionnel**. Lassen Sie sich dabei nicht von der deutschen Übersetzung beirren. Im Deutschen steht im Bedingungssatz das Präsens oder der Konjunktiv, jedoch keine Vergangenheitszeit so wie im Französischen.

Indirekte Rede

Bei der indirekten Rede müssen Sie im Französischen zwei Dinge beachten. Zum einen müssen Personenangaben (Pronomen), Verbformen sowie Orts- und Zeitangaben angepasst werden.

Marie : « J'ai perdu mon bonnet hier. »
Marie: „Ich habe gestern meine Mütze verloren."

Marie dit qu'elle a perdu son bonnet la veille.
Marie sagt, dass sie gestern ihre Mütze verloren habe.

Zum anderen müssen Sie die Zeitenfolge beachten. Steht das redeeinleitende Verb, wie hier **dit** *(sagt)*, im Präsens, so steht das Verb in der indirekten Rede in der gleichen Zeit wie in der direkten Rede, hier: **a perdu** *(hat verloren)*.

Wenn jedoch das redeeinleitende Verb in der Vergangenheit steht, zum Beispiel **il a dit/il disait** *(er sagte)*, dann wird aus Präsens (direkte Rede) das **imparfait** in der indirekten Rede, aus dem **passé composé** das **plus-que-parfait** und aus dem **futur simple** das **conditionnel présent**.

Patrick : « Nous sommes allés au marché. »
Patrick: „Wir sind auf den Markt gegangen."

Patrick dit qu'ils sont allés au marché.
Patrick sagt, dass sie auf den Markt gegangen seien.

Patrick a dit qu'ils étaient allés au marché.
Patrick sagte, dass sie auf den Markt gegangen seien.

Bon à savoir Das **imparfait**, das **plus-que-parfait** und das **conditionnel** bleiben in der indirekten Rede bestehen!

Indirekte Frage

Fragen mit **est-ce que** werden in der indirekten Frage durch **si** wiedergegeben. Enthält die direkte Frage ein Fragewort, wie **pourquoi** *(warum)*, steht das Fragewort am Anfang der indirekten Frage.

Léa : « Est-ce que tu manges chez nous ce soir ? »
Léa: „Isst du heute Abend bei uns?"

Léa demande si tu manges chez nous ce soir.
Léa fragt, ob du heute Abend bei uns isst.

Luc : « Pourquoi veux-tu déménager ? »
Luc: „Warum willst du umziehen?"

Luc me demande pourquoi je veux déménager.
Luc fragt mich, warum ich umziehen will.

Anders als im Deutschen kann die indirekte Frage im Französischen nicht von einem Substantiv abhängen. Man verwendet daher folgende Wendungen:

La question <u>de savoir si</u> c'était notre faute n'est pas résolue.
Die Frage, ob es unsere Schuld war, ist nicht geklärt.

La raison <u>pour laquelle</u> il a été licencié est claire.
Der Grund, warum er gekündigt wurde, ist klar.

Bon à savoir Steht das redeeinleitende Verb bei der indirekten Frage in der Vergangenheit, gilt dieselbe Zeitenfolge wie bei der indirekten Rede.

écoutant
hörend

Das Partizip Präsens wird normalerweise mit der Präsensform von **nous** und der Endung -**ant** anstelle von -**ons** gebildet, beispielsweise **nous écoutons** *(wir hören)* ergibt **écoutant** *(hörend)*.
Setzt man noch das Wörtchen **en** davor, hat man das **gérondif**, mit dessen Hilfe man Sätze verkürzen kann. Somit kann man beispielsweise die Gleichzeitigkeit zweier Vorgänge ausdrücken.

Je cuisine en écoutant la musique.
Ich koche und höre dabei Musik an.

Man kann damit auch die Art und Weise einer Handlung beschreiben.

Tu es rentré à la maison en chantant.
Du kamst singend nach Hause.

Das **gérondif** kann aber auch eine Bedingung zum Ausdruck bringen.

En apprenant plus, tu réussiras l'examen.
Wenn du mehr lernst, wirst du die Prüfung bestehen.

Außerdem kann man mit **tout** und **gérondif** einen Gegensatz oder Widerspruch aufzeigen.

Il fume tout en sachant que c'est mauvais pour sa santé.
Er raucht, obwohl er weiß, dass es schlecht für seine Gesundheit ist.

BLITZQUIZ
Vervollständigen Sie folgenden Satz mit dem passenden Wort.

Voilà la raison ___ je voudrais te parler.
- **A** de savoir si
- **B** pour laquelle

Bon à savoir

Es gibt jedoch drei unregelmäßige Formen des Partizip Präsens: **étant** (von **être**, *sein*), **ayant** (von **avoir**, *haben*) und **sachant** (von **savoir**, *wissen*, *können*).

Hervorhebung

C'est moi qui ~~a~~

Mit **c'est… qui/que** kann man im Französischen einzelne Satzteile hervorheben. Mit **c'est… qui** betont man ein Subjekt. Das nachstehende Verb richtet sich in der Form nach dem hervorgehobenen Subjekt.
Mit **c'est… que** betont man ein Objekt oder eine Ergänzung, zum Beispiel eine Zeitangabe.

C'est moi qui ai cassé le verre.
Ich habe das Glas kaputtgemacht.

C'est son agenda qu'elle cherche.
Sie sucht ihren Terminkalender.

Infinitiv-konstruktion

Nur wenn das Subjekt im Haupt- und Nebensatz identisch ist, kann man statt eines **que**-Satzes auch eine sogenannte Infinitivkonstruktion verwenden.

Je crois avoir gagné.
(anstelle von: **Je crois que j'ai gagné.**)
Ich glaube, dass ich gewonnen habe.

Je crois que tu as gagné.
Ich glaube, dass du gewonnen hast.

Lösung Blitzquiz
B

Faisons le point ! Auch beim französischen Satzbau gibt es einige Stolperfallen. Wenn Sie bei den Erklärungen gut aufgepasst haben, können Sie diese aber problemlos umgehen. Los geht's!

		A	B
1.	Rien ____ peur à Marcel.	❍ A ne fait	❍ B ne fait pas
2.	____ tu as rencontré hier soir ?	❍ A Qu'est-ce qui	❍ B Qui est-ce que
3.	Si elle ____ déjà 18 ans, elle partirait en Australie.	❍ A aurait	❍ B avait
4.	Je ne peux pas te dire la raison ____ je suis ici.	❍ A pour laquelle	❍ B pourquoi
5.	C'est lui ____ a obtenu le prix Nobel.	❍ A qui	❍ B qu'
6.	Ils n'ont ____ venir chez nous.	❍ A voulu pas	❍ B pas voulu
7.	Qu'____ fait ?	❍ A a-t-il	❍ B a-il
8.	C'est moi qui ____ allé en Espagne.	❍ A est	❍ B suis
9.	Si j'avais été une fille, mes parents m'____ Manon.	❍ A auraient appelé	❍ B avaient appelé
10.	Nous n'avons ____.	❍ A rencontré personne	❍ B personne rencontré
11.	Est-ce ____ vu cette exposition ?	❍ A qu'as-tu	❍ B que tu as
12.	____ t'intéresse dans la vie ?	❍ A Qu'est-ce qui	❍ B Qu'est-ce que

	A	B
13. On ne tombe pas malade en ____ froid.	❍ A avant	❍ B ayant
14. C'est devant le théâtre ____ nous avons rendez-vous.	❍ A qui	❍ B que
15. Je te prie de ____.	❍ A ne mentir pas	❍ B ne pas mentir
16. S'il ____ beau, je ferai une randonnée à vélo.	❍ A fait	❍ B fera
17. Il a dit qu'il ____ faim.	❍ A a	❍ B avait
18. Mon père m'a demandé si je ____ l'aider dans le jardin.	❍ A pourrais	❍ B puisse
19. Je ne peux pas répondre à la question ____ Marie est heureuse.	❍ A si	❍ B de savoir si
20. Vous avez dit que vous ____ l'Afrique à pied en 1980 ?	❍ A avez traversé	❍ B aviez traversé
21. Je n'en ai ____ aucun.	❍ A acheté	❍ B pas acheté
22. Il propose d'aller dans un restaurant japonais tout en ____ qu'elle n'aime pas le sushi.	❍ A savant	❍ B sachant

Lösungen

1. A, 2. B, 3. B, 4. A, 5. A, 6. B, 7. A, 8. B, 9. A, 10. A, 11. B, 12. A, 13. B, 14. B, 15. B, 16. A, 17. B, 18. A, 19. B, 20. B, 21. A, 22. B

RECHTSCHREIBUNG UND AUSSPRACHE

Leicht verwechselbare Wörter

leur
ihnen (Objektpronomen)

Das Wort **leur** hat im Französischen zwei Funktionen. Es kann Objekte ersetzen und Besitz anzeigen. Wenn **leur** ein Objekt ersetzt, bedeutet es *ihnen*. In dieser Funktion ist **leur** unveränderlich.

Il écrit un e-mail à Julien et Amélie.
Er schreibt Julien und Amelie eine E-Mail.

Il leur écrit un e-mail.
Er schreibt ihnen eine E-Mail.

leur, leurs
ihr, ihre (Possessivbegleiter)

Leur kann sich auch auf einen Besitz im Singular beziehen und bedeutet dann *ihr, ihre*.

C'est le chien de Pierre et Sophie.
Es ist der Hund von Pierre und Sophie.

C'est leur chien.
Das ist ihr Hund.

Steht der Besitz im Plural, wird ein -s angehängt, welches aber beim Sprechen nicht zu hören ist.

Ce sont leurs chiens.
Das sind ihre Hunde.

la tante
die Tante

la tente
das Zelt

Im Französischen ähneln sich einige Wörter in der Aussprache, werden aber unterschiedlich geschrieben.
So spricht man **la tante** und **la tente** gleich aus, doch die Rechtschreibung und die Bedeutung unterscheiden sich voneinander.
Das Wort *Tante* wird wie im Deutschen mit **an** geschrieben: **la tante**. Das Wort Zelt schreibt man mit **en** wie im englischen Wort *tent*: **la tente**.

On fête l'anniversaire de ma tante demain.
Wir feiern morgen den Geburtstag meiner Tante.

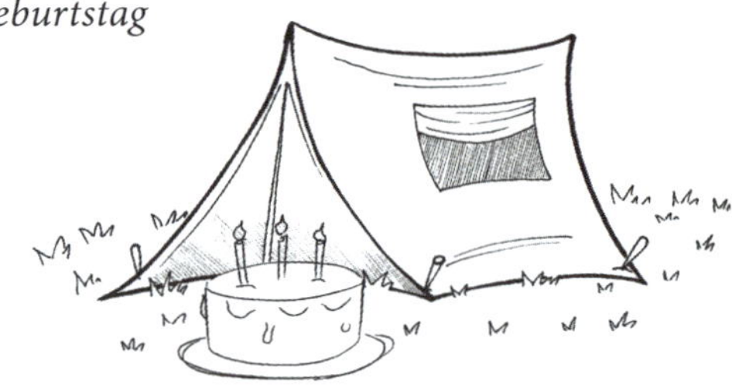

La tente va nous protéger de la pluie.
Das Zelt wird uns gegen den Regen schützen.

Petit détail

Es gibt hier noch eine Verwechslungsgefahr, nämlich mit der Verbform **tente: il/elle tente.** Das Verb **tenter** gehört zur gehobenen Sprache und bedeutet *versuchen.*

Elle tente sa chance comme actrice.
Sie versucht ihr Glück als Schauspielerin.

le saut
der Sprung

le sceau
das Siegel

le seau
der Eimer

sot, sotte
dumm

In einigen Fällen haben sogar mehr als zwei Wörter dieselbe Aussprache, werden aber unterschiedlich geschrieben. In diesem Fall sind es vier Wörter, nimmt man deren Pluralformen dazu sogar acht!
Le saut (Plural: **les sauts**) bedeutet *der Sprung*. Die Übersetzung für *das Siegel* lautet **le sceau** (Plural: **les sceaux**). Häufiger werden Sie wahrscheinlich dem Wort **le seau** (Plural: **les seaux**) für *der Eimer* begegnen. Das vierte Wort, das gleich ausgesprochen wird, ist das Adjektiv **sot** *(dumm)*. Es gehört der gehobenen Sprache an. Gebräuchlicher dafür ist **bête** oder **stupide**.

Mon sport préféré est le saut en longueur.
Mein Lieblingssport ist der Weitsprung.

Ils ont introduit un nouveau sceau de qualité.
Sie haben ein neues Gütesiegel eingeführt.

J'ai besoin d'un seau plein d'eau.
Ich brauche einen Eimer (voller) Wasser.

C'est un comportement très sot.
Das ist ein sehr dummes Verhalten.

le ver
der Wurm

le verre
das Glas

le vers
der Vers

vers
auf … zu, zu … hin

vert(e)
grün

Le ver vert va vers le verre vert.
Der grüne Wurm geht auf das grüne Glas zu.

In diesem Zungenbrecher sind fünf Wörter vertreten, die man gleich ausspricht, aber deren Bedeutung und meistens auch Schreibung unterschiedlich sind. Nimmt man noch **le vers** für den *Vers* und die Pluralformen der Wörter hinzu, kommt man auf neun Wörter für dieselbe Aussprache. Achtung also bei der Rechtschreibung! Nicht, dass aus einem *Glas* (**verre**) plötzlich ein *Wurm* (**ver**) kriecht!

la voie
der Weg, das Gleis

la voix
die Stimme

(je/tu) vois
(ich) sehe, (du) siehst

(il/elle) voit
(er/sie/es) sieht

Bei diesem Beispiel verändert nur der letzte Buchstabe die Bedeutung der Wörter. Alle vier Wörter werden aber gleich ausgesprochen.
La voie mit finalem **e** bedeutet *Weg* oder im Transportwesen *Gleis* oder *Spur*. Steht ein **x** am Ende, handelt es sich um die *Stimme*: **la voix**. Bei den Wörtern **vois** und **voit** handelt es sich um Formen des Verbs **voir** *(sehen)*.

La voie de droite est fermée à cause des travaux.
Die rechte Fahrspur ist aufgrund von Bauarbeiten gesperrt.

La chanteuse a une très belle voix.
Die Sängerin hat eine sehr schöne Stimme.

De la fenêtre de ma chambre, je vois la mer.
Von meinem Zimmerfenster aus sehe ich das Meer.

Il ne voit pas bien.
Er sieht nicht gut.

(il/elle) a
(er/sie/es) hat

à
in, nach, um

Manchmal reicht auch schon ein Akzent, um die Bedeutung eines Wortes zu verändern.
Ohne Akzent ist **a** das Verb **avoir** *(haben)* bei **il** und **elle**. Trägt der Buchstabe **a** im Französischen jedoch einen **accent grave**, handelt es sich um die Orts- oder Zeitangabe **à**.

Il a un frère et une sœur.
Er hat einen Bruder und eine Schwester.

J'arrive à Lyon à 11 heures 45.
Ich komme um 11.45 Uhr in Lyon an.

la
die (weiblicher Artikel), sie (Objektpronomen)

Auch bei dem Wörtchen **la** reicht schon ein Akzent, um die Bedeutung zu verändern. Die Aussprache verändert sich jedoch nicht! Für den Artikel *die* und das Objektpronomen *sie* setzt man keinen Akzent auf **la**.

La ville se trouve au nord de Paris.
Die Stadt liegt nördlich von Paris.

Elle mange la poire. → Elle la mange.
Sie isst die Birne. → Sie isst sie.

là
da, dahin, dort, dorthin

Die Ortsangabe **là** trägt einen Akzent.

Elle n'est pas là aujourd'hui.
Heute ist sie nicht da.

ou
oder

Dieses Wortpaar sorgt oft für Kopfzerbrechen. Denn beide Wörter werden im Französischen sehr häufig verwendet. Das Wort **ou** ohne Akzent **(accent grave)** hat die Bedeutung *oder*. Vielleicht kennen Sie dazu auch schon die Eselsbrücke „Auf der Oder schwimmt kein Graf."

où
wo, wohin

Mit Akzent wird **où** für die deutschen Fragewörter *wo* bzw. *wohin* gebraucht.

Tu veux boire un thé ou un café ?
Willst du einen Tee oder einen Kaffee trinken?

Où est-ce que tu habites ?
Wo wohnst du?

Vervollständigen Sie folgenden Satz mit dem passenden Wort.

Elle est sur la bonne ____.

- A voit
- B voie

sur
auf, über

Bei diesen zwei Wörtern ist es der **accent circonflexe**, der den Unterschied ausmacht. Ohne Akzent ist **sur** eine Ortsangabe und bedeutet *auf* oder *über*. Merken Sie sich dazu vielleicht den Titel des berühmten Kinderliedes « Sur le pont d'Avignon ».

sûr(e)
sicher

Trägt das **u** einen Akzent, so handelt es sich bei dem Wort um das Adjektiv **sûr(e)**, im Sinne von *sicher*.

Ses lunettes sont sur la table.
Seine/Ihre Brille liegt auf dem Tisch.

C'est sûr qu'il va pleuvoir demain.
Es ist sicher, dass es morgen regnen wird.

Lösung Blitzquiz
B

Faisons le point ! Wenn mehrere Wörter dieselbe Aussprache haben, aber unterschiedlich geschrieben werden, muss man genau aufpassen. Finden Sie bei den folgenden Sätzen jeweils die richtige Schreibweise des fehlenden Wortes.

1. Tu ____ as envoyé la photo ? ❍ A leur ❍ B leurs
2. On a acheté une nouvelle ____ pour les vacances. ❍ A tante ❍ B tente
3. ____ est le supermarché ? ❍ A Ou ❍ B Où
4. J'ai posé le livre ____ la table. ❍ A sur ❍ B sûr
5. Marie ne trouve pas ____ solution. ❍ A la ❍ B là
6. Ils vont au cinéma ____ 20 heures. ❍ A a ❍ B à
7. Ils vendent tous ____ livres. ❍ A leur ❍ B leurs
8. Il ____ mal à la tête. ❍ A a ❍ B à
9. J'ai oublié le nom de ta ____. ❍ A tante ❍ B tente
10. On achète des tomates ____ des olives ? ❍ A où ❍ B ou
11. Tu es ____ que tu as pris les clés ? ❍ A sur ❍ B sûr
12. Regarde, le chien est ____ ! ❍ A là ❍ B la

		A	B	C
13.	Est-ce que je peux avoir un ____ d'eau, s'il te plaît ?	❍ A ver	❍ B vers	❍ C verre
14.	Tu ____ la femme là-bas ? C'est ma voisine.	❍ A voie	❍ B voit	❍ C vois
15.	Le pantalon ____ me va bien !	❍ A ver	❍ B vert	❍ C verre
16.	Julien adore le ____ à skis.	❍ A saut	❍ B seau	❍ C sceau
17.	Oh non, il y a un ____ dans la salade !	❍ A vers	❍ B vert	❍ C ver
18.	Tu as une très belle ____ quand tu chantes	❍ A vois	❍ B voix	❍ C voie
19.	Demain, on est ____ Lyon.	❍ A verre	❍ B vert	❍ C vers
20.	Tu peux m'apporter un ____ d'eau ?	❍ A sot	❍ B sceau	❍ C seau
21.	Il ne ____ pas la voitu-re qui arrive à gauche.	❍ A voit	❍ B voie	❍ C vois
22.	J'aime le premier ____ de ce poème.	❍ A ver	❍ B vers	❍ C vert
23.	Il n'est pas ____.	❍ A sceau	❍ B sot	❍ C saut
24.	Cette ____ est réservée aux taxis.	❍ A voie	❍ B voix	❍ C vois
25.	Il m'a dit cela sous le ____ du secret.	❍ A seau	❍ B saut	❍ C sceau

Lösungen

1. A, 2. B, 3. B, 4. A, 5. A, 6. B, 7. B, 8. A, 9. A, 10. B, 11. B, 12. A, 13. C, 14. C, 15. B, 16. A, 17. C, 18. B, 19. C, 20. C, 21. A, 22. B, 23. B, 24. A, 25. C

RECHTSCHREIBUNG UND AUSSPRACHE

Groß- oder Kleinschreibung?

Im Französischen werden fast alle Wörter kleingeschrieben. Es gibt jedoch wenige Ausnahmen, die großgeschrieben werden. Dazu gehören Personennamen sowie Buch-, Film- und Musiktitel.

Mélanie aime le livre « Le Petit Prince ».
Melanie liebt das Buch „Der kleine Prinz“.

Außerdem werden geografische Namen, Ortsnamen und Adjektive in geografischen Namen großgeschrieben.

La Garonne se jette dans l'océan Atlantique près de Bordeaux.
Die Garonne mündet in der Nähe von Bordeaux in den Atlantischen Ozean.

Direkte Anreden und Ämterbezeichnungen beginnen ebenfalls mit einem Großbuchstaben.

Cher Monsieur Dupont, puis-je vous présenter le ministre de l'Éducation nationale ?
Lieber Herr Dupont, darf ich Ihnen den Bildungsminister vorstellen?

BLITZQUIZ

Vervollständigen Sie folgenden Satz mit dem passenden Wort.

Le mont ___ a une altitude de 4 809 mètres.

- A Blanc
- B blanc

Herkunftsbezeichnungen

le Français, la Française
der Franzose, die Französin

Eine große Unsicherheit besteht oft bei den Herkunftsbezeichnungen. Sie werden großgeschrieben, wenn sie eine Person bezeichnen.

Je travaille sur ce projet avec un Français.
Ich arbeite an diesem Projekt mit einem Franzosen.

le français
Französisch (Sprache)

Bezieht man sich allerdings auf die Sprache, dann wird es kleingeschrieben.

Ma femme apprend le français.
Meine Frau lernt Französisch.

français(e)
französisch

Für das Adjektiv behält man auch die Kleinschreibung: **français(e)**.

Elle adore le fromage français.
Sie liebt französischen Käse.

Mit oder ohne cédille?

ça
das

le garçon
der Junge

reçu
erhalten, empfangen

In der französischen Rechtschreibung gibt es eine Besonderheit, die **cédille**, das kleine Häkchen unter dem **c**. Sie verändert die Aussprache von **c** vor **a**, **o** oder **u**. Generell gilt:
Das **c** wird vor **e** und **i** als **s** ausgesprochen, wie in **cerise** *(Kirsche)*.
Vor **a**, **o** oder **u** wird das **c** hingegen als **k** ausgesprochen, wie in **café** *(Kaffee)*.
Soll das **c** vor **a**, **o** oder **u** jedoch als **s** gesprochen werden, wird die **cédille** angehängt.

Ça coûte combien ?
Wie viel kostet das?

Le petit garçon a reçu beaucoup de cadeaux.
Der kleine Junge hat viele Geschenke bekommen.

Lösung Blitzquiz
A

Besonderheiten bei g

manger
essen

la mangue
die Mango

Was muss man bei der Schreibung des **g** im Französischen beachten?
Vor **e** und **i** wird das **g** in der Regel ähnlich wie **sch** gesprochen, wie in **manger** *(essen)* bzw. **je mange** *(ich esse).*
Soll es vor **e** und **i** als **g** ausgesprochen werden, muss ein **-u-** eingefügt werden. Daher **mangue** für *Mango.*

Je mange une mangue.
Ich esse eine Mango.

Vor **a**, **o** und **u** wird das **g** wie das deutsche **g** in *Gans* gesprochen, wie zum Beispiel in **gâteau** für Kuchen.
Soll das **g** vor **a**, **o** und **u** als stimmhaftes **sch** ausgesprochen werden, muss **ge** geschrieben werden, wie bei der Vergangenheitsform **je mangeais** für *ich aß.*

Je mangeais un morceau de gâteau.
Ich aß ein Stück Kuchen.

Bon à savoir

Die Frage nach dem eingeschobenen **-e-** stellt sich vor allem bei folgenden Verben: **manger** *(essen)*, **diriger** *(leiten)*, **s'engager** *(sich engagieren)*, **partager** *(teilen)*, **nager** *(schwimmen)* und **plonger** *(tauchen)*.

BLITZQUIZ
Vervollständigen Sie folgenden Satz mit dem passenden Wort.

Je parle le ___ depuis trois ans.
- A Français
- B français

QUIZ

Groß- oder Kleinschreibung, cédille und g

Faisons le point ! Finden Sie bei den folgenden Sätzen jeweils die richtige Schreibweise des fehlenden Wortes.

		A		B
1. J'adore la langue ____ .	❍ A	Française	❍ B	française
2. Quelle ____ !	❍ A	catastrophe	❍ B	çatastrophe
3. Elle ____ deux entreprises.	❍ A	dirige	❍ B	dirigue
4. Nous ____ à 8 heures.	❍ A	commençons	❍ B	commencons
5. Quelle belle photo de la mer ____ !	❍ A	méditerranée	❍ B	Méditerranée
6. Cette idée est ____ .	❍ A	géniale	❍ B	guéniale
7. Je passe mes vacances en ____ .	❍ A	Italie	❍ B	italie
8. J'adore les marchés ____ .	❍ A	provencaux	❍ B	provençaux
9. Tom, tu as appris tes ____ ?	❍ A	lecons	❍ B	leçons
10. Tu as déjà travaillé avec un ____ ?	❍ A	Allemand	❍ B	allemand
11. La ____ est l'hymne national de la France.	❍ A	marseillaise	❍ B	Marseillaise
12. Tu ____ avec moi ?	❍ A	partages	❍ B	partagues

Lösung Blitzquiz

B

13. Tu as ____ mon message ? ❍ A reçu ❍ B recu

14. Leurs enfants ____ trop de cadeaux. ❍ A recoivent ❍ B reçoivent

15. Je suis ____ aujourd'hui. ❍ A fatigué ❍ B fatigé

16. Tu viens au ____ ? ❍ A cinéma ❍ B çinéma

17. On va visiter les châteaux de la ____. ❍ A loire ❍ B Loire

18. Voilà le ministre des ____ étrangères ! ❍ A Affaires ❍ B affaires

19. Le contraire de « la paix » est « la ____ ». ❍ A gerre ❍ B guerre

20. Ils ont ____ leur mariage hier. ❍ A annoncé ❍ B annonçé

21. Tu aimes les ____ ? ❍ A manges ❍ B mangues

22. L'Abbé Pierre ____ pour les pauvres. ❍ A s'engagait ❍ B s'engageait ❍ C s'engagueait

23. Nous ____ souvent du poisson. ❍ A mangons ❍ B manguons ❍ C mangeons

Lösungen

1. B, 2. A, 3. A, 4. A, 5. B, 6. A, 7. A, 8. B, 9. B, 10. A, 11. B, 12. A, 13. A, 14. B, 15. A, 16. A, 17. B, 18. A, 19. B, 20. A, 21. B, 22. B, 23. C

RECHTSCHREIBUNG UND AUSSPRACHE

Falsche Freunde in der Rechtschreibung

l'abricot (m.)
die Aprikose

Auch bei der Rechtschreibung gibt es falsche Freunde. Die französische Schreibweise unterscheidet sich bei folgenden Wörtern nur minimal von der deutschen Schreibung. Bei der Frucht *Aprikose* müssen Sie darauf achten, dass im Französischen statt **p** ein **b** steht: **l'abricot**.

Je prépare un gâteau aux abricots.
Ich bereite einen Aprikosenkuchen zu.

l'agression (f.)
die Aggression, der Angriff

Das Wort *Aggression* wird in der deutschen Sprache mit einem doppelten **g** geschrieben, im Französischen hingegen nur mit einem **g**.

Comment peut-on prévenir les agressions ?
Wie kann man Aggressionen vorbeugen?

Petit détail

Dies gilt auch für das Adjektiv **agressif** *(aggressiv)*. Achtung: Im Französischen endet das Adjektiv, anders als im Deutschen, in der männlichen Form auf **-if**, in der weiblichen Form auf **-ive**.

Son chien est très agressif, mais sa chienne, elle, n'est pas agressive du tout.
Sein/Ihr Hund ist sehr aggressiv, aber seine/ihre Hündin ist überhaupt nicht aggressiv.

l'appel (m.)
der Appell

Bei diesem Wort sollten Sie auf die Endung achten. Das deutsche Wort *Appell* endet mit zwei **l**, das französische Wort **appel** hingegen nur mit einem.

Le président a lancé son appel aux jeunes.
Der Präsident hat seinen Appell an die Jugendlichen gerichtet.

le caractère
der Charakter

In diesem Fall müssen Sie zweimal aufpassen. Sowohl der Wortanfang als auch das Wortende unterscheiden sich.

Elle a vraiment du caractère.
Sie hat wirklich Charakter.

la girafe
die Giraffe

Bei diesem Wortpaar geht es um den Buchstaben **f**. Im Deutschen liegt er bei *Giraffe* doppelt vor, bei **girafe** steht er hingegen alleine.

On a vu des girafes au zoo.
Wir haben Giraffen im Zoo gesehen.

le best-seller
der Bestseller

Der *Bestseller* wird auf Französisch nicht nur klein, sondern auch mit einem Bindestrich geschrieben. Die korrekte Schreibweise ist daher **le best-seller**.

Ce livre est un best-seller mondial.
Dieses Buch ist ein weltweiter Bestseller.

la guitare
die Gitarre

Augen auf bei dem Wort *Gitarre*: Damit das **g** vor **i** als **g** gesprochen wird, schieb man im Französischen ein **-u-** ein: **la guitare**. Außerdem wird es nur mit einem einzigen **r** geschrieben.

Noah prend des cours de guitare.
Noah nimmt Gitarrenunterricht.

BLITZQUIZ

Vervollständigen Sie folgenden Satz mit dem passenden Wort.

Comment réagir face à une personne ___ ?

- A agressif
- B agressive

QUIZ

Falsche Freunde in der Rechtschreibung

Faisons le point ! Lassen Sie sich durch die Ähnlichkeit mit dem deutschen Wort nicht durcheinanderbringen und finden Sie bei den folgenden Wörtern jeweils die richtige Variante.

		A	B	C
1.	Tu peux acheter des ____ , s'il te plaît ?	❍ A apricots	❍ B abricots	
2.	Son animal préféré est la ____.	❍ A girafe	❍ B giraffe	
3.	Son livre est un vrai ____.	❍ A bestseller	❍ B best-seller	
4.	Il a été victime d'un acte d'____.	❍ A agression	❍ B aggression	❍ C agresion
5.	Nous allons à un concert de ____.	❍ A guitarre	❍ B gitare	❍ C guitare
6.	Les animaux ont montré un comportement ____.	❍ A aggresif	❍ B agressif	❍ C agressive
7.	Il n'a pas de ____.	❍ A charactère	❍ B caracthere	❍ C caractère
8.	Ils ont fait ____ aux pompiers.	❍ A appel	❍ B appell	❍ C apell

Lösungen
1. B, 2. A, 3. B, 4. A, 5. C, 6. B, 7. C, 8. A

Lösung Blitzquiz
B

RECHTSCHREIBUNG UND AUSSPRACHE

Gleiche Schreibung, unterschiedliche Aussprache

l'as (m.)
das Ass

(tu) as
(du) hast

Wörter, die gleich geschrieben, aber unterschiedlich ausgesprochen werden, nennt man Homographe. Hier sollten Sie gut auf die richtige Aussprache achten. Bei der Spielkarte **l'as** wird das **s** am Ende nämlich gesprochen, bei **tu as** *(du hast)* hingegen nicht.

Tu as un as ?
Hast du ein Ass?

le chat
die Katze

le chat
der Chat

Katrin : J'adore les chats.
Théo : Moi, je n'aime pas trop. Je préfère une vraie conversation.
Katrin : Tu peux avoir aussi des bonnes conversations avec les chats, tu sais ? Mais bon, quel est ton animal préféré ?
Théo : Mon animal préféré ? Je pensais qu'on parlait du monde numérique ? Les sites Internet, les chats, les réseaux sociaux…
Katrin : Ah non, je parlais de mes deux chats !

Was war da los? Katrin hat wohl das Wort **chat** für *Katze* falsch ausgesprochen, nämlich wie das aus dem Englischen: *Chat*. Das französische Wort **chat** für *Katze* wird jedoch mit einem **sch** am Anfang gesprochen. Das **t** am Ende hört man nicht. Wenn über den *Chat* als Kommunikationsmedium gesprochen werden soll, spricht man **le chat** wie im Englischen aus.

l'est (m.)
der Osten

(il/elle) est
(er/sie/es) ist

Wenn Sie über den *Osten* sprechen wollen, so werden bei dem Wort **est** alle drei Buchstaben gesprochen.
Bei der Verbform **est** von **être** *(sein)* hört man nur ein offenes **ä**.

Strasbourg se trouve à l'est de la France.
Straßburg befindet sich im Osten Frankreichs.

Elle est très courageuse.
Sie ist sehr mutig.

le fils
der Sohn

les fils
die Fäden

Bei diesen gleich geschriebenen Wörtern kommt es darauf an, was man am Ende des Wortes hört. Hört man am Ende ein **s**, dann geht es um den *Sohn* bzw. die *Söhne*: **le/les fils.** Wenn man hingegen ein **l** hört, wird über *Fäden* gesprochen: **les fils.**

Mon fils s'appelle Louis.
Mein Sohn heißt Louis.

Je dois démêler tous les fils.
Ich muss alle Fäden entwirren.

le lis
die Lilie

(je/tu) lis
(ich) lese, (du) liest

In diesem Fall entscheidet das **s** bei der Aussprache über die Bedeutung des gehörten Wortes. Hört man das **s**, so bedeutet **lis** die Blume *Lilie*. Hört man es nicht, handelt es sich um die Verbform **lis** des Verbs **lire** *(lesen).*

Sa fleur préférée est le lis.
Ihre Lieblingsblume ist die Lilie.

Tu lis beaucoup ?
Liest du viel?

Gleiche Aussprache, unterschiedliche Schreibung

Wörter, die gleich klingen, aber verschiedene Schreibweisen und unterschiedliche Bedeutungen haben, nennt man Homophone. Im Französischen kommen sie sehr häufig vor!

l'air (m.)
die Luft

Das Wort **air** für *Luft* wird gleich wie **aire** und **ère** ausgesprochen. Bei **aire** *(Fläche)* ist auch die Rechtschreibung sehr ähnlich. Daher gut aufgepasst!

l'aire (f.)
der Platz, die Fläche

Je dois prendre l'air.
Ich muss Luft schnappen.

Les enfants peuvent jouer à la grande aire de jeux.
Die Kinder können auf dem großen Spielplatz spielen.

Das französische Wort für *Ära* beginnt hingegen mit einem **è**, das aber ebenfalls als **ä** wie im deutschen Wort *Äpfel* gesprochen wird.

l'ère (f.)
die Ära

Une nouvelle ère commence.
Eine neue Ära beginnt.

BLITZQUIZ
Entscheiden Sie sich für die richtige Aussprache.

Son *fils* fait ses études à Lille.

❍ A **fils** wird mit **s** am Ende gesprochen

❍ B **fils** wird mit **l** am Ende gesprochen

la mère
die Mutter

la mer
das Meer, die See

le/la maire
der/die Bürgermeister(in)

Die Wörter **mère**, **maire** und **mer** teilen sich eine gemeinsame Aussprache, aber haben sehr unterschiedliche Bedeutungen und Schreibweisen.
Bei **mère** für *Mutter* wird das offene **e** als **è**, also mit **accent grave**, geschrieben. Bei *Bürgermeister*, **maire**, steht **ai** dafür und beim *Meer*, **mer**, ein **e** ohne Akzent.

Ma mère est la maire du village.
Meine Mutter ist die Bürgermeisterin im Dorf.

Je voudrais une chambre avec vue sur la mer.
Ich hätte gerne ein Zimmer mit Meerblick.

Bon à savoir

Für das offen gesprochene **e** gibt es verschiedene Schreibweisen: **ai**, **aî**, **e** oder **è**. Ausgesprochen wird es jedoch gleich, nämlich wie das **ä** in *Ärger*.

Lösung Blitzquiz
A

on
man, wir

(ils/elles) ont
(sie) haben

Die Wörter **on** und **ont** kommen im Französischen sehr häufig vor. Das Wörtchen **on** ist zum einen die umgangssprachliche Ersatzform für **nous** *(wir)*, zum anderen das unpersönliche Pronomen *man*. Die Verbform **ont** stammt vom Verb **avoir** und bedeutet deshalb *sie haben*.

Qu'est-ce qu'on mange en France ?
Was isst man in Frankreich?

Les enfants ont faim.
Die Kinder haben Hunger.

la partie
der Teil

le parti
die Partei

Beim Wortpaar **partie** und **parti** kommt es gerne mal zur Verwechslung. Nicht nur bei der Schreibweise, sondern auch beim Artikel. Das französische Wort **partie** für *Teil* schreibt sich mit einem **e** am Ende und ist – wie viele Wörter, die auf **e** enden – weiblich. **Le parti** ist hingegen männlich, endet auf **i** und lässt sich mit *Partei* übersetzen.

Le chat dort la plus grande partie de la journée.
Die Katze schläft den größten Teil des Tages.

Tu es membre d'un parti ?
Bist du Mitglied einer Partei?

Attention

Achtung bei dem Wort **parti**! Es wird gleich geschrieben – und gesprochen – wie das Partizip **parti** des Verbs **partir** für *(weg)gehen, abfahren*.

Il est parti à huit heures.
Er ist um acht Uhr gegangen.

le père
der Vater

la paire
das Paar

(il/elle) perd
(er/sie/es) verliert

Wie so oft kann man sich im Französischen nur wundern, dass doch recht unterschiedliche Schreibweisen gleich ausgesprochen werden. Dies ist auch bei diesem Trio der Fall. Es liegt daran, dass das offen gesprochene **e** als **è** wie in **père** *(Vater)*, als **ai** wie bei **paire** *(Paar)* und als **e** wie bei der Form **perd** des Verbs **perdre** *(verlieren)* geschrieben werden kann.

Mon père perd souvent sa paire de lunettes.
Mein Vater verliert oft seine Brille.

quand
wann

quant à
was … betrifft, hinsichtlich

Beim Wortpaar **quand** und **quant** sollten Sie bei der Schreibung gut auf den letzten Buchstaben achten, den Sie beim Sprechen – wie fast immer im Französischen – nicht hören. Endet das Wort auf **d**, so handelt es sich um das Fragewort **quand** *(wann)*. Weniger häufig wird Ihnen **quant** mit einem finalen **t** begegnen. Es wird meistens in der Kombination mit **à** verwendet und bedeutet *was jemanden/etwas betrifft*.

Quand est-ce que tu arrives ?
Wann kommst du an?

Ils ont des doutes quant à la sécurité.
Sie haben Bedenken, was die Sicherheit betrifft.

sa
sein(e), ihr(e)

ça
das, es

Um sich die Rechtschreibung dieser beiden Wörter besser merken zu können, hilft folgende Eselsbrücke: Das Wort **sa** (*seine/ihre* bzw. *sein/ihr*) kann nicht alleine stehen. Es steht immer vor einem Substantiv. **Ça** *(da, es)* hingegen steht nie vor einem Substantiv.

Il a vendu sa voiture.
Er hat sein Auto verkauft.

Ça me plaît beaucoup.
Das gefällt mir sehr.

sain
gesund

saint
heilig

Hier entscheidet der letzte Buchstabe über die Bedeutung des Wortes. Geht es um die Gesundheit, gebraucht man das Adjektiv **sain**. Möchte man das Wort *heilig* im Französischen verwenden, muss **saint** mit einem **t** am Ende geschrieben werden.

Tu es rentré sain et sauf.
Du bist gesund und munter zurückgekommen.

L'église est un lieu saint.
Die Kirche ist ein heiliger Ort.

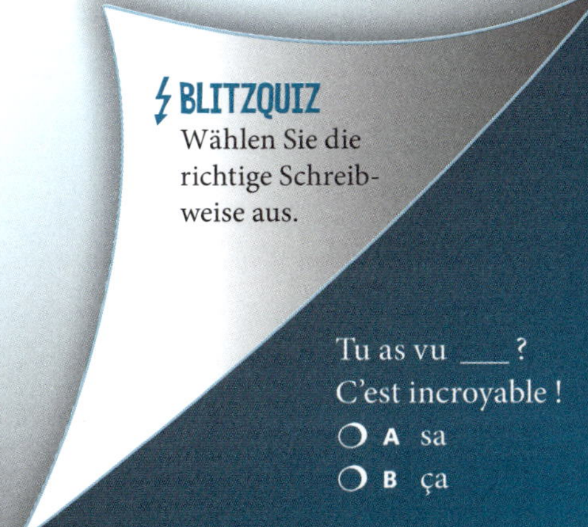

BLITZQUIZ
Wählen Sie die richtige Schreibweise aus.

Tu as vu ___ ?
C'est incroyable !

- A sa
- B ça

ses
seine, ihre

ces
diese

Ses und **ces** sind schnell mal verwechselt. Gleiche Aussprache, sehr ähnliche Schreibweise und beide Wörter stehen als Begleiter vor einem Substantiv.
Ses ist die Pluralform von **son** bzw. **sa** und bedeutet *seine, ihre*. Es zeigt an, wem etwas gehört.
Ces ist der Plural von **ce** bzw. **cette** oder **cet** und wird mit *diese* übersetzt. Mit **ces** kann man auf etwas hinweisen.

Anne cherche ses chaussures.
Anne sucht ihre Schuhe.

Combien coûtent ces chaussures ?
Wie viel kosten diese Schuhe?

sans
ohne

le sang
das Blut

(je/tu) sens
(ich) fühle, (du) fühlst

(il/elle) sent
(er/sie/es) fühlt

cent
hundert

Alle fünf Wörter hier teilen sich eine Aussprache, haben aber sehr unterschiedliche Bedeutungen. Umso wichtiger also, sich die jeweilige Rechtschreibung einzuprägen. Bei **sans** *(ohne)* und **sang** *(Blut)* braucht man für den Nasallaut ein **an**. Die Endung ist jedoch unterschiedlich.
Bei den anderen drei Wörtern steht ein **en** für den Nasallaut. Hört das Wort mit einem **s** auf, handelt es sich um die Verbform **sens** des Verbs **sentir** *(fühlen)*. **Sent** mit einem **t** am Ende ist ebenfalls eine Verbform von **sentir** und wird bei **il** und **elle** verwendet: **il/elle sent**.
Das Zahlwort **cent** für *100* wird als einziges Wort dieser Gruppe mit einem **c** am Anfang geschrieben.

Mathieu ne sort jamais sans son parapluie.
Mathieu geht nie ohne seinen Regenschirm hinaus.

Je voudrais prendre rendez-vous pour une prise de sang.
Ich möchte einen Termin für eine Blutabnahme ausmachen.

Lösung Blitzquiz
B

Tu te sens heureux ?
Fühlst du dich glücklich?

Elle ne se sent pas bien.
Sie fühlt sich nicht gut.

Vous me devez cent euros.
Sie schulden mir hundert Euro.

Petit détail

Das Substantiv **le sens** *(der Sinn)* schreibt man wie die Verbform **(je/tu) sens**, aber bei **le sens** wird das **s** am Schluss gesprochen, bei **je/tu sens** nicht!

J'aime son sens de l'humour.
Ich mag seinen/ihren Sinn für Humor.

BLITZQUIZ
Wählen Sie die richtige Schreibweise aus.

Elle mange souvent des aliments ___.
- A sains
- B saints

ce
dieser, dieses

Wenn man sich nicht sicher ist, ob man **ce** oder **se** schreiben soll, hilft es zu überlegen, was für eine Wortart folgt. Nach **ce** für *dieser, dieses* folgt nämlich immer ein Substantiv, da **ce** ein Begleiter ist.

se
sich

Nach **se** steht immer ein Verb, weil es sich bei **se** um das Pronomen *sich* handelt. Man benutzt es also bei reflexiven Verben wie **se laver** *(sich waschen)*, **se disputer** *(sich streiten)* etc.

Je n'aime pas ce film.
Ich mag diesen Film nicht.

Elle doit se dépêcher.
Sie muss sich beeilen.

son
sein, ihr

le son
der Ton

(ils/elles) sont
(sie) sind

Das Wortpaar **son** für *sein* bzw. *ihr* und **le son** für *Ton* wird gleich gesprochen und geschrieben, unterscheidet sich aber in der Wortart. Nach **son** folgt immer ein Substantiv und **le son** ist ein Substantiv. **Sont** mit **t** am Ende ist eine Form des Verbs **être** *(sein)*.

Il a perdu son portable.
Er hat sein Handy verloren.

La France est connue pour ses spectacles son et lumière.
Frankreich ist für seine Licht-Ton-Inszenierungen bekannt.

Ces fruits ne sont pas lavés.
Diese Früchte sind nicht gewaschen.

Lösung Blitzquiz
A

tout
alles, ganz

Die Wörter **tout** *(alles, ganz)* und **tous** *(alle)* gehören zusammen: **Tous** ist die männliche Pluralform von **tout**!

tous
alle

Il pleut tout le temps ici.
Hier regnet es die ganze Zeit.

Il connaît tous mes amis.
Er kennt alle meine Freunde.

la toux
der Husten

Das Wort **toux** wird zwar gleich gesprochen, hat aber eine völlig andere Bedeutung, nämlich *Husten*.

Tu peux m'acheter des bonbons contre la toux ?
Kannst du mir Hustenbonbons kaufen?

Bon à savoir

Die weibliche Form von **tout** lautet **toute** im Singular bzw. **toutes** im Plural und wird anders ausgesprochen als die männliche. Man hört nämlich das **t** am Ende des Wortes.

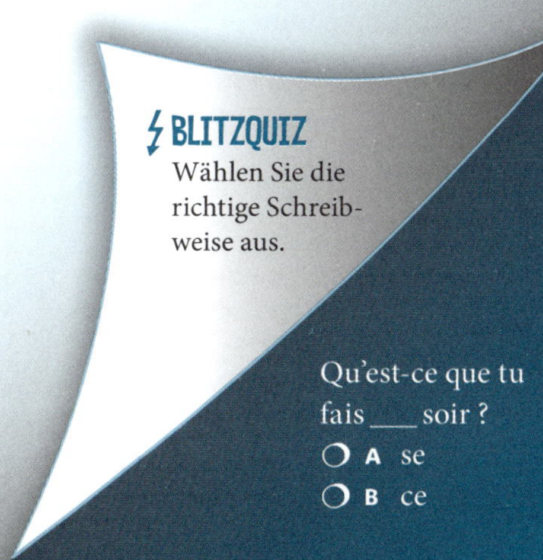

Faisons le point ! Haben Sie bei den vielen Homographen und den Homophonen den Durchblick behalten? Mit diesem Quiz finden Sie es heraus, indem Sie die richtige Übersetzung oder die korrekte Schreibweise auswählen.

		A	B
1.	Son chat a déjà 15 ans.	❍ A Chat	❍ B Katze
2.	Tu connais l'est de la France ?	❍ A ist	❍ B Osten
3.	Est-ce que tu lis des romans policiers ?	❍ A liest	❍ B Lilie
4.	Ses fils habitent encore chez elle.	❍ A Söhne	❍ B Fäden
5.	C'est un as du volant.	❍ A hast	❍ B Ass
6.	Ils se sont connus dans un chat.	❍ A Chat	❍ B Katze
7.	La fleur de lis était un symbole de la monarchie.	❍ A liest	❍ B Lilie
8.	Audrey est vraiment sympa.	❍ A ist	❍ B Osten
9.	Tu as envie d'aller au concert avec moi ?	❍ A Ass	❍ B hast
10.	Ils ____ un grand appartement.	❍ A ont	❍ B on
11.	____ copine vient des Antilles.	❍ A Ça	❍ B Sa
12.	Elles ____ téléphonent chaque jour.	❍ A se	❍ B ce
13.	____ est-ce que vous partez en vacances ?	❍ A Quant	❍ B Quand

Lösung Blitzquiz
B

14. Il est important d'avoir un mode de vie ____.
❍ A sain ❍ B saint

15. Les chauffeurs de taxi ____ en grève.
❍ A sont ❍ B son

16. Elle était membre du ____ communiste.
❍ A partie ❍ B parti

17. Il a perdu beaucoup de ____ dans l'accident.
❍ A sans ❍ B cent ❍ C sang

18. L' ____ frais va nous faire du bien.
❍ A air ❍ B ère ❍ C aire

19. Quel âge a ton ____?
❍ A paire ❍ B père ❍ C perd

20. Il a été élu ____ en 2018.
❍ A mer ❍ B mère ❍ C maire

21. Prends du miel, c'est bon contre la ____.
❍ A toux ❍ B tous ❍ C tout

22. Je suis parti ____ fermer la porte.
❍ A sang ❍ B sens ❍ C sans

23. J'ai besoin d'une nouvelle ____ de chaussures.
❍ A père ❍ B paire ❍ C perd

24. Toulon se trouve au bord de la ____.
❍ A mer ❍ B mère ❍ C maire

Lösungen

1. B, 2. B, 3. A, 4. A, 5. B, 6. A, 7. B, 8. A, 9. B, 10. A, 11. B, 12. A, 13. B, 14. A, 15. A, 16. B, 17. C, 18. A, 19. B, 20. C, 21. A, 22. C, 23. B, 24. A

RECHTSCHREIBUNG UND AUSSPRACHE

Die liaison

un instant
ein Augenblick

un hôtel
ein Hotel

Besonders wichtig in der französischen Aussprache ist die **liaison**. Beim Sprechen werden im Französischen möglichst alle Wörter zu einer Wortkette verbunden. Durch die **liaison** wird ein Konsonant am Wortende beim Sprechen mit dem nachfolgenden Wort verbunden, wenn es mit einem Vokal oder einem stummen **h (h muet)** beginnt. Dadurch ist der Endkonsonant deutlich hörbar und das s stimmhaft.

Un‿instant, s'il vous plaît.
Ein Augenblick, bitte.

J'ai trouvé les‿hôtels au bord de la mer.
Ich habe die Hotels direkt am Meer gefunden.

Attention

Aber Vorsicht, es gibt auch einige Ausnahmen. Bei Wörtern, die mit einem aspirierten **h (h aspiré)** anfangen, findet keine **liaison** statt. Die Endkonsonanten der Wörter **et** *(und)*, **toujours** *(immer)* und **vers** *(auf ... zu)* werden grundsätzlich nicht gesprochen. Und auch zwischen Subjekt und Verb spricht man keine **liaison**. Hier ein paar Beispiele ohne (!) **liaisons:**

Elle n'aime pas les (!) harengs.
Sie mag keine Heringe.

Je mange une pomme et (!) une poire.
Ich esse einen Apfel und eine Birne.

Les enfants (!) aiment le chocolat.
Die Kinder mögen Schokolade.

Konsonant am Wortende

blanc
weiß

le lac
der See

le zinc
das Zink

Eine Grundregel der französischen Aussprache ist, dass Konsonanten am Wortende nicht gesprochen werden. Das gilt auch für Verb- und Pluralendungen. Aber keine Regel ohne Ausnahme! Grundsätzlich bleibt das **c** am Ende des Wortes stumm wie bei **blanc** *(weiß)*. Bei **lac** wird es jedoch als **k** gesprochen und bei **zinc** als **g**.

Je cherche un pantalon blanc.
Ich suche eine weiße Hose.

Nous avons loué une maison au bord du lac.
Wir haben ein Haus am See gemietet.

Le zinc diminue la durée d'un rhume.
Zink verkürzt die Dauer einer Erkältung.

Bon à savoir

Die Endung **ct** wird bei den Wörtern **aspect, instinct** und **respect** im Gegensatz zum Deutschen nicht als **kt** gesprochen, sondern bleibt stumm.

neuf
neun

le nerf
der Nerv

Normalerweise wird das **f** als solches gesprochen, so zum Beispiel bei der Zahl **neuf** *(neun)*. Eine Ausnahme davon bildet **le nerf** *(Nerv)*: Hier bleibt das **f** stumm.

Ils habitent à Lille depuis neuf mois.
Sie wohnen seit neun Monaten in Lille.

Le nerf de la dent est enflammé.
Der Nerv des Zahnes ist entzündet.

avril
April

gentil
nett

In der Regel wird das **l** am Wortende gesprochen, zum Beispiel bei **avril** für den Monat *April*. Bei **gentil** *(nett)* bleibt es stumm.

Son anniversaire est en avril.
Sein/Ihr Geburtstag ist im April.

Mon nouveau collègue est très gentil.
Mein neuer Kollege ist sehr nett.

Bon à savoir

Auch bei den Wörtern **le fusil** *(Gewehr)* und **le persil** *(Petersilie)* spricht man das **l** nicht!

sans
ohne

l'ours (m.)
der Bär

Im Regelfall ist das **s** am Ende eines Wortes stumm, wie bei **sans** *(ohne)*. Ausnahmen von dieser Regel sind **l'ours** *(Bär)*, **mars** *(März)* und **le sens** *(Sinn)*. Hier hört man das finale **s**.

Je bois mon café sans lait.
Ich trinke meinen Kaffee ohne Milch.

L'ours est son animal préféré.
Der Bär ist sein/ihr Lieblingstier.

août
August

chut
pst

Im Allgemeinen wird ein **t** am Wortende nicht gesprochen. Bei den Wörtern **août** für *August* und **le but** für *das Ziel* kann das **t** gesprochen werden. Es gibt jedoch regionale Unterschiede.
Bei **chut** *(pst)* und **zut** *(verflixt)* muss es hingegen gesprochen werden.

Les vacances commencent le 4 août.
Die Ferien beginnen am 4. August.

Chut ! Les enfants dorment déjà.
Pst! Die Kinder schlafen schon.

Nasallaute

le temps
die Zeit, das Wetter

le thon
der Thunfisch

Eine Besonderheit der französischen Sprache sind die Nasallaute. Ein Vokal **(a, e, i, o, u)** wird in der Regel nasal gesprochen, wenn nach ihm ein **m** oder **n** folgt.
Die verschiedenen Nasallaute auseinanderzuhalten ist manchmal aber gar nicht so einfach!
Eine falsche Aussprache des Nasallauts kann beim Zuhörer zur Verwirrung führen. Sprechen Sie das Wort **temps** für *Zeit* bzw. *Wetter* mit dem Nasallaut **an**, denn mit dem Nasallaut **on** wird daraus der *Thunfisch*: **le thon**.

Nous avons encore le temps de préparer une salade de thon.
Wir haben noch Zeit, einen Thunfischsalat vorzubereiten.

la peau
die Haut

le pont
die Brücke

Bei diesem Wortpaar verändert sich die Bedeutung, je nachdem ob ein Nasallaut gesprochen wird oder nicht. Hört man keinen Nasallaut, liegt das Wort **peau** *(Haut)* vor. Mit dem Nasallaut **on** hört man das Wort **pont** für *Brücke*.

Vous avez quel type de peau ?
Welchen Hauttyp haben Sie?

Le pont relie Strasbourg et Kehl.
Die Brücke verbindet Straßburg und Kehl.

Bon à savoir

Hier finden Sie weitere Beispiele für Wortpaare, deren Bedeutungsunterschied sich durch die Aussprache des Nasallauts ergibt:

le mot *(Wort)* – **le mont** *(Berg)*
beau *(schön)* – **bon** *(gut)*
gras *(fett)* – **grand** *(groß)*
le chat *(Katze)* – **le chant** *(Gesang)*

Stummes und aspiriertes h

le haricot
die Bohne

l'habitude (f.)
die Gewohnheit

Eine Besonderheit der französischen Aussprache ist das **h**. Es wird grundsätzlich nicht gesprochen, dennoch unterscheidet man zwischen dem aspirierten **h (h aspiré)** und dem stummen **h (h muet)**.
So ist das **h** bei **le haricot** für *Bohne* ein aspiriertes **h**. Das bedeutet, dass keine **liaison** mit dem vorangehenden Wort stattfindet. Außerdem wird der Artikel **le** in der vollen Form verwendet.
Bei **habitude** *(Gewohnheit)* beginnt das Wort mit einem stummen **h**. In diesem Fall wird der Artikel **la** zu **l'** apostrophiert und bei **les habitudes** findet die **liaison** statt.

Le haricot vert est mon légume préféré.
Die grüne Bohne ist mein Lieblingsgemüse.

Il a pris l'habitude de faire du sport le dimanche.
Er hat es sich zur Gewohnheit gemacht, sonntags Sport zu treiben.

Bon à savoir

Am besten prägen Sie sich folgende Wörter, die mit einem **h aspiré** beginnen, gut ein:

le héros *(Held)*, **le hasard** *(Zufall)*, **la hauteur** *(Höhe)*, **la hanche** *(Hüfte)*, **la honte** *(Schande)*, **le huit** *(die Acht)*, **le/la huitième** *(der/die/das Achte)*, **le/la handicapé(e)** *(Mensch mit Behinderung)*, **la hâte** *(Eile)*, **le hobby** *(Hobby)*, **le hibou** *(Eule)*, **le hareng** *(Hering)*, **le hamster** *(Hamster)*, **le hall** *(Eingangshalle)*

aimer
lieben, mögen

amer
bitten

Die Endung **-er** wird im Allgemeinen als geschlossenes **e** gesprochen. Dies ist bei allen Verben auf **-er** der Fall. Es gibt jedoch ein paar Ausnahmen, bei denen die Endung **-er** wie die deutsche Buchstabenkombination **är** ausgesprochen wird, wie in etwa bei **amer** *(bitter)*.

J'espère que tu vas aimer ce film.
Ich hoffe, dass du diesen Film mögen wirst.

Les feuilles ont un goût amer.
Die Blätter haben einen bitteren Geschmack.

Bon à savoir

Merken Sie sich folgende Ausnahmen, bei denen das **er** als **är** gesprochen wird:

cher *(lieb, teuer)*, **l'hiver** *(Winter)*, **hier** *(gestern)*, **fier** *(stolz)*, **la mer** *(Meer)*

BLITZQUIZ
Entscheiden Sie sich für den richtigen Artikel.

Il a préparé ses affaires à ___ hâte.

A la
B l'

Die Aussprache von eu

peu
wenig

eu
gehabt

(il/elle) eut
(er/sie/es) hatte

Wenn Sie in einem Wort **eu** sehen, sprechen Sie normalerweise ein offenes oder geschlossenes **ö**. Es gibt jedoch eine Ausnahme: Das Partizip von **avoir** *(haben)* wird zwar **eu** geschrieben, die **passé simple** Form **(il/elle) eut** *(er/sie/es hatte)*. Beide werden aber als **ü** ausgesprochen.

Dépêche-toi ! On a peu de temps !
Beeil dich! Wir haben wenig Zeit!

Ils ont eu beaucoup de chance.
Sie haben großes Glück gehabt.

Elle eut une belle vie.
Sie hatte ein schönes Leben.

Die Aussprache des p

septembre
September

sept
sieben

Im Regelfall wird im Französischen der Buchstabe **p** als solcher auch gesprochen. Aber Achtung: Bei der Zahl **sept** für *sieben* bleibt das **p** stumm! Man hört nur das **t** am Ende.

Je recommence à travailler en septembre.
Im September fange ich wieder an zu arbeiten.

Mon grand-père a sept petits-enfants.
Mein Großvater hat sieben Enkelkinder.

Bon à savoir

Dasselbe gilt für **la sculpture** *(Skulptur)*, **le compte** *(Konto)* und **compter** *(zählen)*. In allen drei Fällen wird das **p** nicht gesprochen!

Lösung Blitzquiz
A

Poison vs. poisson

le poison
das Gift

le poisson
der Fisch

Johannes : Je suis très content qu'on dîne chez moi demain soir. J'ai déjà acheté du poison.
Lucie : Du poison ?
Johannes : Oh non ! Tu n'aimes pas le poison ? On peut aussi manger de la viande si tu préfères.
Lucie : J'aime bien le poisson mais pas le poison !
Johannes : Je ne comprends plus rien ! Explique-moi !
Lucie : Bien sûr. Alors, …

Was hat Johannes hier verwechselt? Er wollte Lucie einen leckeren *Fisch* (**poisson**) servieren, hat aber das Wort **poison** ausgesprochen, was *Gift* bedeutet und man einem Gast lieber nicht vorsetzen sollte.
Achten Sie bei der Aussprache darauf, dass man **poisson** mit Doppel-**s** mit einem stimmlosen **s** [s], ähnlich wie **ß** im Deutschen, und **poison** mit einfachem **s** hingegen mit einem stimmhaften **s** [z], wie ein deutsches **s**, spricht.

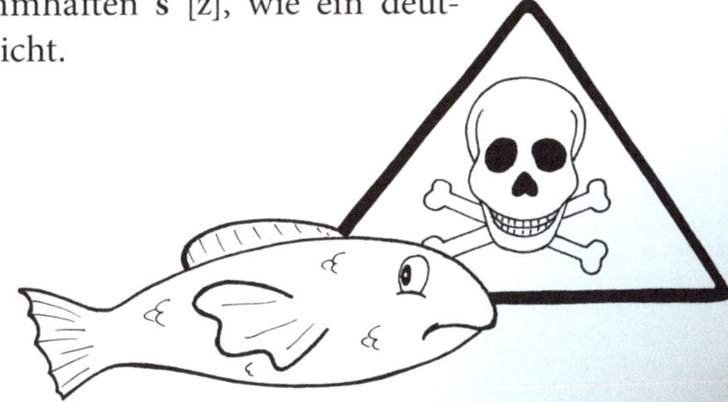

BLITZQUIZ
Entscheiden Sie sich für die richtige Aussprache.

Je suis très *fier* de toi.
❍ **A** als e
❍ **B** als är

Attention

Bei folgenden Wortpaaren sollten Sie ebenfalls aufpassen und darauf achten, dass Sie das s richtig aussprechen: stimmhaft [z] oder stimmlos [s].

ils ont [z] – **ils sont** [s] *(sie haben vs. sie sind)*
la phase [z] – **la face** [s] *(die Phase vs. das Gesicht)*
il/elle vise [z] – **le vice** [s] *(er/sie/es zielt vs. das Laster)*
la case [z] – **il/elle casse** [s] *(das Feld vs. er/sie/es bricht)*
la chose [z] – **il/elle chausse** [s] *(die Sache vs. er/sie/es zieht (Schuhe) an)*
embraser [z] – **embrasser** [s] *(entflammen vs. küssen)*

Lösung Blitzquiz
B

QUIZ

Liaison, Nasallaute und Eigenarten in der Aussprache

Faisons le point ! Die französische Aussprache hat einige Besonderheiten. Aber etwas Übung macht den Meister. Deshalb nichts wie los und entscheiden Sie sich für die richtige Sprechweise.

		A	B
1.	**Ils ont** gagné au loto.	❍ A stimmhaftes **s** [z]	❍ B stimmloses **s** [s]
2.	Sa fille a **sept** ans.	❍ A stummes **p**	❍ B gesprochenes **p**
3.	J'ai ajouté du **persil** aux pommes de terre.	❍ A gesprochenes **l**	❍ B stummes **l**
4.	Luc a un frère **et une** sœur.	❍ A Liaison	❍ B keine Liaison
5.	On a nagé dans le **lac** d'Annecy.	❍ A gesprochenes **k**	❍ B stummes **k**
6.	Nous partons dans **neuf** jours.	❍ A gesprochenes **f**	❍ B stummes **f**
7.	Le contraire de l'amour est **la haine**.	❍ A stummes **h**	❍ B aspiriertes **h**
8.	Il se promène au bord de la **mer**.	❍ A wie **e**	❍ B wie **är**
9.	Vous avez **eu** l'occasion de visiter le Louvre ?	❍ A wie **ü**	❍ B wie **ö**
10.	Il sait **compter** jusqu'à 20.	❍ A gesprochenes **p**	❍ B stummes **p**
11.	Quel **temps** fait-il demain ?	❍ A mit Nasallaut **on**	❍ B mit Nasallaut **an**
12.	Je l'ai fait par **respect** pour mes parents.	❍ A stumme Endung	❍ B als **kt** gesprochen

	A	B
13. Tu as mis le pull dans le mauvais **sens**.	❍ A stummes **s** am Ende	❍ B hörbares **s** am Ende
14. Je cherche un bar-**tabac**.	❍ A kein gesprochenes **k**	❍ B gesprochenes **k**
15. Ils sont **des hommes** de loi.	❍ A Liaison	❍ B keine Liaison
16. L'école recommence en **septembre**.	❍ A stummes **p**	❍ B gesprochenes **p**
17. En **hiver**, il peut faire moins 20 degrés.	❍ A wie **är**	❍ B wie **e**
18. Ils ont acheté une lanterne en verre et en **zinc**.	❍ A als **k** gesprochen	❍ B als **g** gesprochen
19. Elle parle **sans arrêt** !	❍ A keine Liaison	❍ B Liaison
20. Nous aimons **danser**.	❍ A wie **e**	❍ B wie **är**
21. C'est un **poison** végétal.	❍ A stimmhaftes **s** [z]	❍ B stimmloses **s** [s]
22. La **peau** des bébés est très douce.	❍ A ohne Nasallaut	❍ B mit Nasallaut
23. **Chut** ! Je veux dormir !	❍ A stummes **t**	❍ B gesprochenes **t**
24. Le **nerf** est enflammé.	❍ A gesprochenes **f**	❍ B stummes **f**
25. **Hier**, elle est sortie avec ses amies.	❍ A wie **e**	❍ B wie **är**
26. Il m'a offert des **fleurs**.	❍ A wie **ö**	❍ B wie **ü**
27. C'était vraiment un **bon** repas.	❍ A ohne Nasallaut	❍ B mit Nasallaut

Lösungen

1. A, 2. A, 3. B, 4. B, 5. A, 6. A, 7. B, 8. B, 9. A, 10. B, 11. B, 12. A, 13. B, 14. A, 15. A, 16. B, 17. A, 18. B, 19. B, 20. A, 21. A, 22. A, 23. B, 24. B, 25. B, 26. A, 27. B

RECHTSCHREIBUNG UND AUSSPRACHE

Satzzeichen: Komma oder kein Komma?

Im Französischen bedeutet ein Komma, dass man eine Sprechpause macht. Im Gegensatz zum Deutschen braucht man zum Beispiel vor **etc.** ein Komma.

Pour le gâteau, il faut de la farine, du sucre, etc.
Für den Kuchen brauchen wir Mehl, Zucker etc.

Im Deutschen gilt grundsätzlich die Regel, dass Haupt- und Nebensätze durch ein Komma abgetrennt werden. Wird dem französischen Hauptsatz ein Nebensatz oder eine Ergänzung wie eine Zeit- oder Ortsangabe vorangestellt, setzt man ein Komma.

En 2010, j'ai connu ma femme.
2010 habe ich meine Frau kennengelernt.

Le matin, il se lève à sept heures.
Morgens steht er um sieben Uhr auf.

Attention

Folgt dem Hauptsatz ein Nebensatz oder ein Satz mit einem Infinitiv, steht meistens kein Komma – im Gegensatz zum Deutschen!

Je pense que je vais aller en Espagne.
Ich denke, dass ich nach Spanien fahren werde.

On va en Espagne pour y passer nos vacances.
Wir fahren nach Spanien, um dort unsere Ferien zu verbringen.

Petit détail

Ausnahme: Nicht notwendige Relativsätze, die eine für das Verständnis nicht unbedingt erforderliche Zusatzinformation enthalten, werden mit Komma abgetrennt.

Ma voisine, qui vient de Lyon, est très sympa.
Meine Nachbarin, die aus Lyon kommt, ist sehr nett.

Lösung Blitzquiz
A

Faisons le point ! Bei der Zeichensetzung gibt es nur kleine, aber feine Unterschiede zwischen der deutschen und französischen Sprache. Ein paar dieser Unterschiede kommen in diesem Quiz vor – daher aufgepasst!

		A	B
1.	Je pense ____ nous allons arriver en retard.	❍ A , que	❍ B que
2.	Elle fait du sport ____ perdre des kilos.	❍ A , pour	❍ B pour
3.	En ____ nous sommes allés en Suisse.	❍ A 2016,	❍ B 2016
4.	Le ____ ils vont souvent au restaurant.	❍ A soir	❍ B soir,
5.	Mon mari ____ travaille maintenant comme ingénieur.	❍ A , qui a 45 ans,	❍ B qui a 45 ans
6.	Voici le ____ que je suis en train de finir.	❍ A dessin	❍ B dessin,
7.	On va aller à la piscine ____ il fait beau.	❍ A , parce qu’	❍ B parce qu’
8.	S’il fait ____ on va à la piscine.	❍ A beau,	❍ B beau
9.	J’adore les biscuits, les tartes, les crêpes ____.	❍ A etc.	❍ B , etc.
10.	Il dit ____ il a trois enfants.	❍ A qu’	❍ B , qu’

Lösungen
1. B, 2. B, 3. A, 4. B, 5. A, 6. A, 7. B, 8. A, 9. B, 10. A

STIL

désolé(e)
(es) tut mir leid

Excuse-moi ! / Excusez-moi !
Entschuldige / Entschuldigen Sie!

Pardon !
Entschuldigung!

Wenn man etwas bedauert und um Verzeihung bitten möchte, verwendet man **désolé(e)** im Sinne von *tut mir leid*. Als Antwort darauf erhält man in der Regel **Ce n'est pas grave**. oder **Ce n'est rien**. *(Das ist nicht schlimm.)* oder **Ça ne fait rien.** *(Das macht nichts.)*

Désolé, mais je dois vous déranger.
Es tut mir leid, aber ich muss Sie/euch stören.

Um sich zu entschuldigen, gebraucht man **excusez-moi** *(entschuldigen Sie)* bzw. **excuse-moi**, wenn man sich duzt. Wenn Sie einen Fremden ansprechen wollen, um etwas zu fragen oder an jemandem vorbei möchten, sagen Sie auch **excusez-moi**. In letzterem Fall wird es mit *Könnte ich bitte vorbei?* übersetzt.

Excusez-moi, vous avez l'heure ?
Entschuldigen Sie, wie spät ist es?

Passiert Ihnen eine Ungeschicklichkeit, können Sie sich mit **pardon** dafür entschuldigen. Verstehen Sie etwas nicht, fragen Sie mit **Pardon ?** *(Wie bitte?)* nach.

Oh pardon, je pensais que c'était ma valise.
Oh Entschuldigung, ich dachte, das sei mein Koffer.

Puis-je... ?
Darf ich ...?

~~Peux~~-je... ?
Eine sehr höfliche und förmliche Möglichkeit, um etwas zu bitten, ist die Frage mit **Puis-je... ?** *(Darf ich ...?)*. Achten Sie dabei auf die Sonderform des Verbs.

Puis-je avoir un verre d'eau, s'il vous plaît ?
Darf ich bitte ein Glas Wasser haben?

Bon à savoir

Eine freundliche, aber weniger förmliche Form des Bittens ist **Peux-tu… ?** *(Kannst du …?)*. Die Wendung **Pourrais-tu… ?** *(Könntest du…?)* ist etwas förmlicher. **Auriez-vous l'amabilité de… ?** *(Wären Sie bitte so freundlich und …?)* ist hingegen sehr förmlich.
Beim Bestellen in einem Restaurant oder Café können Sie auch **S'il vous plaît (Monsieur/Madame)… !** *(Bitte, …!)* verwenden.

désirer
sich (selbst) wünschen

souhaiter
wünschen

Wenn Sie sich selbst etwas wünschen, gebrauchen Sie **désirer**. Geht es darum, anderen etwas zu wünschen, sollten Sie **souhaiter** sagen.

Je désire être encore en forme dans dix ans.
Ich wünsche mir, in zehn Jahren noch fit zu sein.

Je te souhaite une bonne année !
Ich wünsche dir ein gutes neues Jahr!

Bon rétablissement !
Gute Besserung!

Ist jemand krank, so können Sie ihm/ihr mit **bon rétablissement !** eine *gute Besserung* wünschen. Alternativ können Sie auch **prompt rétablissement** *(rasche/baldige Genesung)* oder **Guéris-vite !** *(Werde bald gesund!)* sagen.

Toute la famille te souhaite un bon rétablissement.
Die ganze Familie wünscht dir gute Besserung.

Madame, / Chère Madame,
Liebe Frau …, / Sehr geehrte Frau …,

Die Anrede in einem französischen Brief oder in einer E-Mail richtet sich ganz nach dem Empfänger und wie gut man diesen kennt.
Ist der Empfänger persönlich bekannt, schreibt man für *Liebe Frau …* **Madame**, oder **Chère Madame**, und für *Lieber Herr …* steht **Monsieur**, oder **Cher Monsieur**,
Der Nachname wird üblicherweise nicht genannt.

Monsieur, / Cher Monsieur,
Lieber Herr …, / Sehr geehrter Herr …,

Kennt man den Namen der Person nicht, gebraucht man bei einem einzigen Ansprechpartner nur **Monsieur**, für einen Mann oder **Madame**, für eine Frau.
Ist man sich nicht sicher, ob es sich um einen Mann oder eine Frau handelt, schreibt man einfach beides und genau in dieser Reihenfolge: **Madame, Monsieur,**
Haben Sie mehrere Ansprechpersonen, dann brauchen Sie: **Mesdames, Messieurs,** *(Sehr geehrte Damen und Herren,)*

Mesdames, Messieurs,
Sehr geehrte Damen und Herren,

Bon à savoir

Schreiben Sie an Freunde oder gute Bekannte, können Sie folgende Anreden gebrauchen:

Mon cher Julien, / Salut Julien,
Lieber Julien, / Hallo Julien,

Ma chère Claire, / Salut Claire,
Liebe Claire, / Hallo Claire,

Bien chers tous,
Ihr Lieben (alle),

An Personen, deren Titel oder Berufsbezeichnung man kennt, schreibt man zum Beispiel folgendermaßen:

Madame la Présidente, *(Sehr geehrte Frau …,)*
Monsieur le Directeur, *(Sehr geehrter Herr …,)*
Maître, *(bei Rechtsanwälten/-innen)*
Docteur, *(bei Ärzten und Ärztinnen)*

le 14 mai
(der) 14. Mai

le 1er octobre
(der/am) 1. Oktober

Im Französischen wird das Datum immer mit dem bestimmten Artikel angegeben: **le 14 mai** *(14. Mai)*. Man verwendet anders als im Deutschen die Grundzahl und nicht die Ordnungszahl. Ausnahme ist der Monatserste: **le 1er octobre (le premier octobre)** für den *1. Oktober*.

Aujourd'hui, nous sommes le 14 mai.
Heute ist der 14. Mai.

Lyon, le 1er octobre 2020
Lyon, 1. Oktober 2020

Amicalement / Cordialement
Herzliche Grüße

Grosses bises / Gros bisous
Liebe Grüße

Im Französischen gibt es verschiedene Schlussformeln, um einen Brief oder eine E-Mail zu beenden.
Ab einem gewissen Bekanntheitsgrad verabschiedet man sich mit **Amicalement** oder **Cordialement** *(Herzliche Grüße)*. Für Familie, Verwandte und enge Freunde gebraucht man **Grosses bises** oder **Gros bisous** *(Liebe Grüße)*.

Bon à savoir

In förmlichen Geschäftsbriefen gibt es viele mögliche Standardschlussformeln im Französischen. Hier sind einige Beispiele – im Deutschen sagt man *Mit freundlichen Grüßen* dazu.

Je vous prie de croire, Madame/Monsieur, à l'assurance de mes sentiments distingués.

Nous vous prions de croire, Madame/Monsieur, à l'assurance de nos sentiments distingués.

Meilleures salutations / Sincères salutations
Mit freundlichen Grüßen / Viele Grüße

QUIZ
Stil

Faisons le point ! Durch eine fehlerfreie Verwendung von Höflichkeitsfloskeln kommt Ihre Wertschätzung für Ihren Gesprächspartner oder -partnerin zum Ausdruck. Wenn Sie sich die oben genannten Beispiele gut durchgelesen haben, werden Sie folgendes Quiz problemlos meistern.

		A	B
1.	Je vous ____ une bonne soirée.	❍ A désire	❍ B souhaite
2.	____-je vous poser une question ?	❍ A Puis	❍ B Peux
3.	Mon anniversaire, c'est ____.	❍ A à 5 novembre	❍ B le 5 novembre
4.	____, où est la poste ?	❍ A Désolé	❍ B Excusez-moi
5.	Tu es malade ? Alors ____ rétablissement !	❍ A prompt	❍ B vite
6.	Cher ____	❍ A Monsieur,	❍ B Madame,
7.	Il est né ____ juin.	❍ A l'un	❍ B le premier
8.	____ salutations.	❍ A Meilleures	❍ B Distinguées
9.	Ma ____ Aurélie, Merci pour l'invitation !	❍ A cher	❍ B chère
10.	Ne sois pas ____ ! Ce n'est pas grave.	❍ A excusez	❍ B désolée
11.	Et voilà, trois belles pommes ! Et avec ceci, vous ____ ?	❍ A désirez	❍ B souhaitez

Lösungen

1. B, 2. A, 3. B, 4. B, 5. A, 6. A, 7. B, 8. A, 9. B, 10. B, 11. A